INTRODUCING ECONOMICS: A GRAPHIC GUIDE BY DAVID ORRELL&
BORIN VAN LOON

Copyright: text ©2011 DAVID ORRELL, illustrations © 2012 ICON BOOKS LTD

This edition arranged with THE MARSH AGENCY LTD and Icon Books Ltd

Through BIG APPLE AGENCY, INC., LABUAN, MALAYSIA.

simplified Chinese edition copyright:

2019 SDX JOINT PUBLISHING CO. LTD.

All rights reserved.

经 济 学

Introducing
Economics

戴维·欧瑞尔（David Orrell）/ 文
博林·梵·隆（Borin Van Loon）/ 图
闵楠 译
李正伦 审校

Simplified Chinese Copyright © 2019 by SDX Joint Publishing Company.
All Rights Reserved.
本作品中文简体版权由生活·读书·新知三联书店所有。
未经许可,不得翻印。

图书在版编目(CIP)数据

经济学/(英)戴维·欧瑞尔文;(英)博林·梵·隆图;闵楠译. —北京:生活·读书·新知三联书店,2019.7 (2025.5 重印)
(图画通识丛书)
ISBN 978-7-108-06521-6

Ⅰ.①经⋯ Ⅱ.①戴⋯ ②博⋯ ③闵⋯ Ⅲ.①经济学 Ⅳ.① F0

中国版本图书馆 CIP 数据核字(2019)第 041227 号

责任编辑	黄新萍
装帧设计	张 红
责任校对	常高峰
责任印制	卢 岳
出版发行	生活·讀書·新知 三联书店
	(北京市东城区美术馆东街 22 号 100010)
网 址	www.sdxjpc.com
图 字	01-2018-6771
经 销	新华书店
印 刷	北京隆昌伟业印刷有限公司
版 次	2019 年 7 月北京第 1 版
	2025 年 5 月北京第 2 次印刷
开 本	787 毫米 × 1092 毫米 1/32 印张 5.75
字 数	48 千字
印 数	08,001 – 10,500 册
定 价	36.00 元

(印装查询:01064002715;邮购查询:01084010542)

目 录

001 什么是经济学？
002 古老的货币
003 毕达哥拉斯
004 宇宙和谐论
005 《经济论》
006 柏拉图的《理想国》
007 亚里士多德
008 对立体系
009 有限和无限
010 信息传播
011 黑暗时代
012 中世纪
013 伊斯兰教的发展
014 封建制度
015 大学
016 圣托马斯·阿奎纳
017 哥白尼
018 纳瓦鲁斯
019 重商主义
020 帝国崛起
021 重商主义经济学
022 国家权力
023 数字的力量
024 理性力学
025 原子
026 疯狂的市场
027 光明和黑暗
028 《利维坦》
029 贪婪
030 洛克的白板理论
031 社会契约
032 货币价值

033 一个和多数
034 供求
035 白银危机
036 自由贸易
037 货币学
038 威廉·配第
039 《政治算术》
040 重量和尺度
041 做面团
042 弗朗索瓦·魁奈
043 重农主义者
044 "之"字形
045 放血
046 顺应潮流
047 雅克·杜尔哥
048 亚当·斯密
049 苏格兰启蒙运动
050 商业时代

051 唯利是图的社会
052 《国富论》
053 劳动价值论
054 自然价格
055 经济引力定律
056 无形之手
057 市场秩序
058 分而治之
059 增长的市场
060 工业革命
061 托马斯·马尔萨斯
062 指数增长
063 坏收成
064 适者生存
065 杰里米·边沁
066 享乐主义科学
067 理性社会
068 大卫·李嘉图

- 069 高租金
- 070 废除《谷物法》
- 071 比较优势
- 072 约翰·斯图尔特·穆勒
- 073 传播财富
- 074 人类进步
- 075 稳定状态
- 076 挣钱
- 077 卡尔·马克思
- 078 剩余价值
- 079 经济繁荣与萧条的交替周期
- 080 阶级反抗
- 081 历史的终结
- 082 说你想要一场革命
- 083 供求
- 084 真科学
- 085 边际效用
- 086 理性经济
- 087 市场震荡
- 088 平均人
- 089 理想市场
- 090 莱昂·瓦尔拉斯
- 091 纯粹经济学
- 092 摸索之手
- 093 维尔弗雷多·帕累托
- 094 二八定律
- 095 新古典经济学
- 096 理性经济人
- 097 静止和运动
- 098 太阳黑子
- 099 专业领域
- 100 阿尔弗雷德·马歇尔
- 101 扔掉数学
- 102 卡尔·门格尔
- 103 主观价值
- 104 自发出现的手

- 105 约翰·贝茨·克拉克
- 106 规模经济
- 107 炫耀性消费
- 108 有闲阶级
- 109 欧文·费雪
- 110 货币数量论
- 111 快钱
- 112 崩盘
- 113 约翰·梅纳德·凯恩斯
- 114 节约悖论
- 115 乘数效应
- 116 动物精神
- 117 从长计议
- 118 新政
- 119 世界新秩序
- 120 经济周期
- 121 超级周期
- 122 创造性破坏
- 123 哈耶克和不可计算的
- 124 哈耶克的影响
- 125 新古典综合
- 126 菲利普斯曲线
- 127 保罗·萨缪尔森
- 128 杂牌凯恩斯主义
- 129 忽视不确定性
- 130 阿罗—德布鲁模型
- 131 购物清单
- 132 未来的完美
- 133 王冠上的明珠
- 134 米尔顿·弗里德曼
- 135 货币主义
- 136 滞胀
- 137 稳扎稳打
- 138 自然失业
- 139 芝加哥方法
- 140 理性市场

141 完美模型
142 有效市场
143 经济占星术
144 不良预测
145 正态分布
146 金融工程
147 瑞典银行奖
148 "阿波罗"登月任务
149 模型经济
150 地出
151 地球太空船
152 尼古拉斯·乔治斯库-罗根
153 自然资本
154 稳定状态
155 生态经济学
156 经济学"教派"
157 行为经济学
158 信息不对称

159 幂律
160 幸福科学
161 女权经济学
162 明斯基时刻
163 崩溃倾向
164 复杂系统
165 基于代理的模型
166 不确定性再次出现
167 次贷
168 道德缺位
169 线性科学
170 后毕达哥拉斯经济学
171 生态经济学

172 拓展阅读
172 致谢
173 索引

什么是经济学？

经济学研究商品和服务是如何生产、分配以及被社会消费的。由于资源通常呈现为短缺状态，因此1935年英国经济学家莱昂尼尔·罗宾斯（Lionel Robbins）将这个领域称为"关于稀缺的科学"。

古老的货币

至少在货币诞生之日起就有了经济的概念。

最早的货币由金或银等贵金属制成。据信,最早的货币出现在公元前6世纪、今土耳其境内,但不久之后,从美索不达米亚到波斯,从印度到中国,文明世界都开始使用货币。

因此,许多国家在古代就有经济学思想。

然而,由于经济学一直在模仿物理学等科学的模式,因此经济学的大部分框架和概念都延续了植根于希腊哲学思想的西方科学传统。

让我们回到2500年前,在一个古希腊的洞穴内,故事开始了……

毕达哥拉斯

今天,哲学家毕达哥拉斯(Pythagoras,约前570—约前495)往往跟数学联系在一起,我们在学校都学过他的直角三角形定理。但他对经济学等学科也有着深远影响。

希腊人把毕达哥拉斯奉为半神。德尔菲(Delphi)的神谕预言了他的出生,人们传闻他的父亲是阿波罗(Apollo)神。

他的学派建立在崇拜**数字**的基础上,逐渐发展出一套宗教般狂热的仪式。毕达哥拉斯学派的信徒高度神秘,没有留下任何记录,所以只能通过间接的方式了解他们。

宇宙和谐论

毕达哥拉斯学派相信万物皆由数字组成。每个数字都有其特殊的、堪称魔力的意义。最神圣的数字是 10,十进制体现了这一点。

鹅卵石摆成十进制

音乐的和谐来自各弦之间的不同的长度数值比,这一发现要归功于毕达哥拉斯。由于音乐被认为是最神秘的艺术形式,因此这个发现支撑着"整个宇宙都建立在数字基础之上"的信条,毕达哥拉斯学派称之为"宇宙和谐论"。

经济学以及货币本身也建立在毕达哥拉斯的理论基础之上:万物皆可还原为数字。事实上,人们相信毕达哥拉斯在他生活的地区是第一个提出货币制度的人。

《经济论》

"economics"一词源于哲学家**色诺芬**（Xenophon，前431—约前360）的一本著作，他接受了毕达哥拉斯的理论。他写的小册子《经济论》（*Oikonimios*）描绘了如何高效地规划和经营农业产业。

可以这么说，一位好的产业管理者必须至少管理好自己的房子和产业。

他主张，劳动力分工是完成复杂任务的最好方法。诸如雅典这类的城市，由于面积和人口组成都在快速发展，所以有一个优势：拥有多方面的专家。而在较小的城镇，人们不得不亲自完成更多的工作，因而导致效率低下。

这个结论比亚当·斯密（Adam Smith）的同类观点早了两千多年（见第58页）。在奴隶制社会中，让专家协作是产业管理者的任务，而不是市场的任务。

柏拉图的《理想国》

柏拉图（Plato，前427—前347）在他的《理想国》(*Republica*)中进一步阐述了"完美管理的产业"观点，他将之描绘成一个乌托邦社会，由被称为"守护者"的哲学家国王统治。

包括抚养儿童在内，每项工作都应该交给专家。财产按照数学原则分割。柏拉图计算出来的居民数量最大值为5040，其财产能被从1到10的数整除。因此可以轻松地分成彼此独立的行政组。

亚里士多德

亚里士多德（Aristotle，前384—前322）是柏拉图最有名的学生，他的著作和学说覆盖从天文学和医学到伦理学的多个学科。他相信，钱唯一的用途就是作为交换的媒介。就像他在《尼各马可伦理学》（*Nichomachean Ethics*）中说的那样，"一切都用金钱衡量"。

亚里士多德认为，可以用不同的数学公式——即毕达哥拉斯平均数——决定商品的公平分配。

举个例子，假设某人要向别人出售一块土地，卖家想得到至少120个货币单位，但买家想最多只花80个货币单位。

这种情况下，正确的价格应该是"**调和平均数**"，即96个货币单位。这个数字比买家的价格高20%，但比卖家的价格低20%。

尼各马可伦理学

如同音乐一样，公平分配的理念也由数字决定。

对立体系

在《形而上学》(*Metaphysics*)一书中,亚里士多德认为下列对立列表来自毕达哥拉斯学派(该学派高度神秘,他们自己可不会泄露分毫):

毕达哥拉斯学派将表格左侧的词与"善"联系在一起,而右侧的与"恶"联系在一起。这个列表一直影响着西方科学思想发展的进程,因此也影响着经济学的发展。

有限和无限

例如,"有限"的观念对包括亚里士多德在内的希腊人来说很重要。

亚里士多德注意到,尽管商人不生产任何产品,但他们往往只通过交换就能积累大量金钱。在《政治学》(Politics)中,他对两种交换加以区分。

第一种我称之为"自然"交换,当人们为了满足真正的需求时产生。

它是有限度的,因为过高质量生活所需要的财产不是无限制的。

第二种,"非自然"交换,为赚钱而交换商品时产生。高利贷(为了获取利息而借款)尤为不道德,因为它允许金钱无限制地增长,越过了"自然"交换的界线。

这种道德观不适用于对待奴隶。

信息传播

亚里士多德和柏拉图一样,也是个老师。他有个名叫亚历山大(Alexander)的年轻学生,一个后来征服了从埃及到部分印度的大片疆土的军事天才。

亚里士多德的学说因此传播到整个文明世界。

埃及城市亚历山大港(得名于那位战争英雄)的图书馆成为重要的希腊知识宝库。

公元前3世纪,亚历山大大帝的帝国土崩瓦解,之后西方经济学思想进入冰封期。亚里士多德和其他希腊思想家的学说被束之高阁。

黑暗时代

与举行经济学研讨会相比,罗马人对建造高架桥更有兴趣。但他们的确对法律体系的发展贡献良多,包括保护产权——资本主义的奠基石。*

罗马帝国的灭亡是由多个因素造成的,但经济因素肯定是其中之一。

罗马衰退之后的一段时期被称为"黑暗时代",但当今的历史学家更喜欢称之为"中世纪早期"(大致为公元 5 世纪至 11 世纪)。贸易和城镇的重要性日渐式微,经济主要靠自给自足。

* 资本主义是一种经济制度,建立基础是生产方式私有制和以赢利为目的的商品贸易。

中世纪

中世纪——尤其是基督教和伊斯兰教战争期间——经济学思想被宗教所左右。关注点在于道德伦理。

《旧约》中有许多对于经济的陈述。禁止高利贷,而且每逢七年一次的"大赦节",所有的债务都会被一笔勾销。努力工作得到回报是正当的,但不鼓励单纯追求财富。

《新约》的说法则更为直截了当——或许是因为基督再临在即,当前模式的世界眼看就要结束了吧。因此钱财只是身外之物。

伊斯兰教的发展

欧洲人所谓的"黑暗时代"却是伊斯兰教的光明时代,标志是穆斯林占领阿拉伯半岛、北非、波斯和西班牙的部分疆土。贸易的不断增长意味着人们对货币的兴趣大增,而在当时,货币的使用已经比较普及了。

被欧洲人称为**阿威罗伊**(Averroes,即伊本·路世德[Ibn Rushd],1126—1198)的穆斯林学者生于西班牙科尔多瓦。他的著作涵盖诸多领域,包括法律和天文学,以及对亚里士多德著作的翻译。

虽然亚里士多德认为货币不过是一种随手拿来用于交换和定价的方式,但是跟真主安拉一样,阿威罗伊相信货币是固定且不可改变的。因此如果统治者想要稀释货币的价值,例如减少硬币中贵金属的成分比例,就是一种犯罪。

封建制度

基督教时代的欧洲遵守现在被称为"封建制度"的严格的等级体系。

教会是最大、最有权势的"地主"。这个制度与圣殿骑士团之类的宗教团体互为呼应*，并成功地扩大了军事力量——这一点非常重要，因为在当时，土地往往是伴随着征服而获取的（可不是通过房地产中介哦），是名副其实的恶意"收购"。

基督教时代的欧洲最终夺回了大部分曾落入穆斯林之手的领土。这使得前者的贸易线路和经济都有大规模的拓展和增长。通过阿威罗伊的译文，亚里士多德被重新发现。

*十字军东征时期，圣殿骑士团成立了世界上最早的银行。

大学

12世纪,经济的繁荣、城市居民阶层的出现以及对古代思想家的重新发现使人们对学习产生了兴趣。突然之间,人们有了对高等教育的需求。为了满足这个愿望,他们需要发明一个新的机构:大学。

第一批被承认的大学分别位于博洛尼亚(1088)、巴黎(约1150)和牛津(1167)。

很快,其他大学随之兴建,到15世纪初,全欧洲的大学数量超过50所,它们全都由天主教会控制。

课程核心是亚里士多德的著作。一个如今被称为**经院经济学**的经济思想学派在巴黎成立,旨在融合基督教神学与亚里士多德对于货币和财产的观点。

圣托马斯·阿奎纳

将亚里士多德的观点和基督教的教义融合得最好的,是在巴黎和博洛尼亚授课的多明我会修士**托马斯·阿奎纳**(Thomas Aquinas,1225—1274)。阿奎纳极为看重希腊哲学的理性。

人的理性就像是这个世界的神。

他的"公平价格"概念指买卖双方在自愿前提下约定俗成的价格。阿奎纳认为买卖双方经过讨价还价可以达成一个满意的价格,但如果一方占另一方的便宜就不公平了——例如在饥荒期间对灾民加价。

哥白尼

亚里士多德的观点之一是：太阳围绕地球转。

教会热切地支持这个观点，因为他们用这个观点论证我们——上帝最伟大的创造——是宇宙的中心。但是到了 16 世纪，波兰天文学家哥白尼（1473—1542）对亚里士多德/基督教的观点提出异议，在他去世前夕出版的书中指出，如果把地球看作是围绕太阳转，那么解释宇宙就会容易得多，至少用数学的、毕达哥拉斯的方式说得通。

哥白尼还以相对温和的方式向波兰国王提出建议，告诉他如何维持货币的量。

我的结论是，如果货币过分充足，往往就会贬值。

这可能是已知最早的货币数量论。

纳瓦鲁斯

哥白尼的话引起居住在西班牙萨拉曼卡的多米尼克教会牧师**纳瓦鲁斯**（Navarrus，1493—1586）的共鸣。

> 每当需求强烈、供应短缺的时候，商品就会变得更加珍贵。

> 钱，只能通过某种形式的契约出售、交易或交换，因此也是商品，所以在需求强烈、供应短缺的时候，它会变得更加珍贵。

虽然作为交换的媒介，钱不会生钱，但它本身是不断变化的。这个观点非常重要，因为当时在西班牙征服者的努力下，从新世界的金矿采到的黄金被大量运往西班牙。

重商主义

中世纪的学术经济学着重个体之间的小规模交易（微观经济），这个学派的人以誓愿过穷苦生活的修士为主。到了文艺复兴时期（14—17世纪），注意力从微观转向宏观，从争议伦理道德转向如何赚钱。

封建制度被君主统治下的集权军事单一民族强国取代。由于海运技术的进步以及哥伦布和其他探险家的发现，通往美洲和亚洲的珍贵的新贸易路线被开辟出来，全球贸易激增。对高利贷的限制逐渐放宽。被称为重商主义的政治经济运动出现，为扩张版图和维持国力服务。

帝国崛起

重商主义发展过程中,第一个完全系统化的经济出现在伊丽莎白一世女王统治下的英格兰。她的海军舰队使不列颠帝国成为史上面积最大的帝国。其他西方强国,尤其是西班牙和法国,也不遑多让。

重商主义者认为,世界经济是由多个单一民族国家参与的游戏,游戏目标是尽可能多地得到黄金和白银等形式的"财宝"。像英格兰这种没有金矿和银矿的国家,就通过贸易、政府和苦役(部分来自于殖民地的奴隶)获取。

假设全世界的财富总量是固定的,那么经济就是一场零和游戏(zero-sum game)。正如英国商人兼经济学家**托马斯·孟**(Thomas Mun,1571—1641)所言:

重商主义经济学

文艺复兴时期,政府官员、记者和诸如孟(他是东印度公司的主管)这样的商人多才多艺,他们提出的新的经济学观点取代了修士学者和哲学家的观点。

重商主义经济学家不在意如何描述某个重要的经济或道德行为理论,而是注重单纯的技术性问题,例如贸易或货币。

他们认为,政府应该运用贸易关税、垄断和补贴的方法来鼓励出口,这样让钱流入国内,同时阻止进口。寻找和控制新资源必须要有军队。

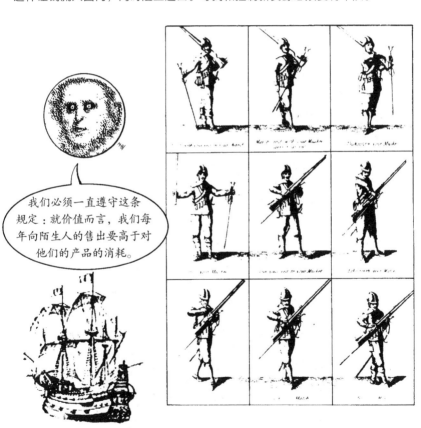

我们必须一直遵守这条规定:就价值而言,我们每年向陌生人的售出要高于对他们的产品的消耗。

国家权力

维持一个帝国代价高昂,因此政府必须不断地筹集资金。政府还要忍受其他的国内问题,例如通货膨胀(像纳瓦鲁斯曾预言的那样,通货膨胀是货币供应量扩大引起的)以及中世纪社会结构崩溃带来的贫穷。伊丽莎白女王曾写道:"到处都是穷人!"

为改变这种情况,她在1601年颁布了《济贫法》(Elizabethan Poor Law)。然而,经济学家通常采用马基雅维利式的方法解决经济问题,目的是将国家权力最大化。

法国路易十四国王在位期间的财政大臣**让-巴普蒂斯特·柯尔贝尔**(Jean-Baptiste Colbert,1619—1683)声称:

简单,也是唯一的解释,财富是否充盈决定一个国家是否强大和伟大。

数字的力量

劳动力和国内市场必然需要大量的工人阶级。英国作家兼记者**丹尼尔·笛福**(Daniel Defoe,1659—1731)写道:

这些劳动力为国家创造财富——只给他们留下维持生活的部分。个人权利屈从于国家权利。

为使效率最大化,欧洲政府对经济采取微观管理的方式。柯尔贝尔有个著名的规定:第戎产的纺织品应该含有正好1408根线。

理性力学

与此同时,在大学里,科学首次发展出一种可行的、连贯的观点,与建立在亚里士多德宇宙观基础上的中世纪观点并存。哥白尼已向世人展示过了,地球或许不是宇宙的中心。将近150年后,**艾萨克·牛顿**(Isaac Newton,1643—1727)推导出他的运动定律和万有引力定律,并将其写入《自然哲学的数学原理》(*Principia Mathematica*,1687)中。

原子

跟伽利略一样,牛顿也相信物质是由"固体、实心、坚硬、不可穿透、可移动的粒子"(例如原子)构成,他的运动定律提出了一种能控制它们行为的"理性力学"。随之而来的是,任何运动都可以用数学来预测。

要理解和预测一个系统,只需分解出这个系统的组成部分……

……发现各组成部分所遵循的物理定律……

……用数学公式表达出来……

……然后解决。

直到今天,科学家们还在遵从该**还原理论**支撑的力学框架,它对经济学也有着深远的影响。

疯狂的市场

在 53 岁的时候,牛顿接受了皇家造币局局长的职位。他像对待运动定律一样严肃地对待金融律法,把几个造假币的罪犯送上了绞架。

不幸的是,他发现经济跟星星的运动不同,是难以预测的。1720 年的"南海泡沫事件"让他几乎倾家荡产。

光明和黑暗

作为 17 世纪和 18 世纪哲学和政治启蒙运动的一部分,其他思想家把还原理论的方法应用到社会或经济学中去,为资本主义奠定了理论基础。

托马斯·霍布斯(Thomas Hobbes,1588—1679)和**约翰·洛克**(John Locke,1632—1704)等哲学家认为宇宙的理性与生俱来,可以通过推理和经验观测了解*。但是他们关于理性社会的观点与中世纪学术经济学的观点截然不同。启蒙运动把社会看作利己主义个体(像机器一样互动)之间的合约休战,不认为社会秩序像宇宙既定秩序那么单纯而固定不变。

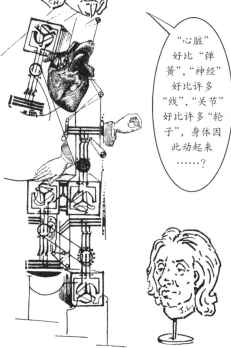

"心脏"好比"弹簧","神经"好比许多"线","关节"好比许多"轮子",身体因此动起来……?

* "经验主义"的意思是依靠实验、观察或经历,而非理论。

《利维坦》

霍布斯在他的著作《利维坦》（Leviathan，1651）中，想象了一个没有社会约束和限制的史前国家。在这种情况下，人类以"自然状态"生存。

人类的生活孤独、贫穷、艰难、粗俗而短暂。

为逃避这种命运，人们愿意顺从一个至高无上的统治者，霍布斯称之为"利维坦"。

在一个原子个体的世界里，长幼强弱次序只能靠武力产生。因此唯一稳定的安排就是有一个强壮的统治者，否则就会引发分裂与不和（英国内战和德国三十年战争的爆发无疑影响了霍布斯）。

贪婪

霍布斯完全按照经济学名词测量财力的大小。

跟世间万物一样,一个人的"价值"或"财富"就是他的"价格";也就是说,相当于他能动用的"财力"……

人,与世间万物一样,决定价格的不是卖家,而是买家。

由此可见,利维坦的统治并非来自神授,而是人民的共同意愿。

《利维坦》扰乱人心,饱受争议,但对于人性持怀疑态度和机械论观点的人不止霍布斯一个。但没过多久大众就接受了这本书,正如后来苏格兰哲学家**大卫·休谟**(David Hume,1711—1776)指出的:

……人类从根本上是被"热衷于得到"所驱使。

洛克的白板理论

英国哲学家约翰·洛克深受牛顿和化学家罗伯特·玻义耳（Robert Boyle）等科学家的影响。

他的《人类理解论》（*Essay Concerning Human Understanding*，1690）认为，我们来到世上的时候都是平等的，心灵都是一块白板。

通过感官和经验，我们理性地学习，在头脑中画出世界的模样。

该书也认为人的行为是由环境决定的。与惰性粒子一样，我们的轨迹取决于我们承受的力量。

洛克与霍布斯不同，他相信人类的自然状态是平和单纯的，与"自然法"和谐一致。

社会契约

洛克的《政府契约论》（*Two Treatises on Government*，1689）提出，国家的角色是保护其公民的权利和自由。财产权是关键权利之一，洛克相信，财产权是人们将劳动与物质世界相结合的产物。

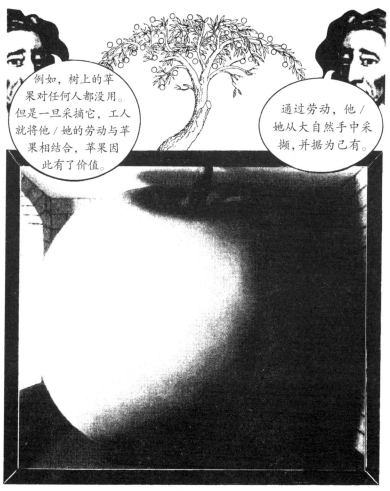

例如，树上的苹果对任何人都没用。但是一旦采摘它，工人就将他/她的劳动与苹果相结合，苹果因此有了价值。

通过劳动，他/她从大自然手中采撷，并据为己有。

政府要做的，不是分配这些自然财产权，而是保护它们。这就是洛克的社会契约论。

货币价值

洛克认为,货币之所以有价值,是因为它由贵金属制成,可以囤积货币以免它被损坏。人们因此心照不宣,货币就成了交换的媒介。

所以,钱是一种能长久使用的物品,人可以在不损坏钱的情况下保有钱,双方达成一致后,用钱交换所需要的确实有用但容易腐坏的生活必需品。

洛克的著作从政治上证明了私人财产神圣不可侵犯,积累钱财也是正确的。后来,这本书也成为影响1787年美国新政府宪法的主要因素之一。

一个和多数

洛克的观点,加上个体主义逐渐受到重视,构成了对盛行的经济学观念的直接挑战。

重商主义者认为,经济策略旨在制造用于出口的低成本商品,这样可以将该国家占有的整体货币财富(假设总量固定)的份额最大化。这个体系适用于国家上层集团,但不适用于新兴的富商阶层。

我相信财富不是固定的,但劳动的产品是固定的……

洛克

……所以政府的职责应该是保护我所挣得的。

因此,焦点从国家转移到个体,从生产者转移到消费者。

供求

重商主义者希望出口最大化,所以他们欢迎人为的低汇率,这样一来,跟其他国家相比,他们的商品生产成本就比较低。但根据洛克的自然法理论,在人们达成一致之后,货币才有其价值,因此要服从供求力量,即"自然"利率。如果钱太多了,跟钱稀缺相比,利息就会变少。

利息应该由市场确定,而不是由政府规定。

硬币的面额也应该与铸造它们的贵金属的内在价值一致。

冲突在17世纪90年代的英格兰白银危机中爆发。

白银危机

多年来,英国的银币越来越轻,原因是政府"抽头"——从边缘剪掉少量银,然后熔化出售。

于是他们决定发行新硬币,但不确定新硬币的含银量是恢复到之前的水平(洛克的主张),还是保持现在的低水平(重商主义者的主张)。洛克的主张得到广泛支持。

没想到,人们把新硬币攒着不用,只花旧硬币。

这是"格雷欣法则"的典型例子。格雷欣法则得名于英国金融家**托马斯·格雷欣爵士**(Sir Thomas Gresham,1519—1579),该法则认为"劣币驱逐良币"。

自由贸易

批评重商主义的人远不止约翰·洛克一个。**达德利·诺思**（Dudley North，1641—1691）认为，贸易不是零和游戏，而是通过促进专业化而让每个人都变得更加富裕——跟色诺芬在雅典城邦观察得出的结论相同。

增加财富最好的方式是通过自由贸易。

试图调控商品流动将适得其反。

色诺芬

哲学家大卫·休谟后来指出，一直保持贸易正平衡是无论如何不可能的。出口过剩会导致更多的钱流入国内，增加货币供应量，就会引起通货膨胀。物价会上涨，从而导致出口量减少。

货币学

将经济的中心从教会或国家变成个体,这个想法的革命性不亚于哥白尼提出地球围绕太阳转(而不是太阳围绕地球转)。经济学不再以神学为依据,而是建立在人类行为的科学理论之上。

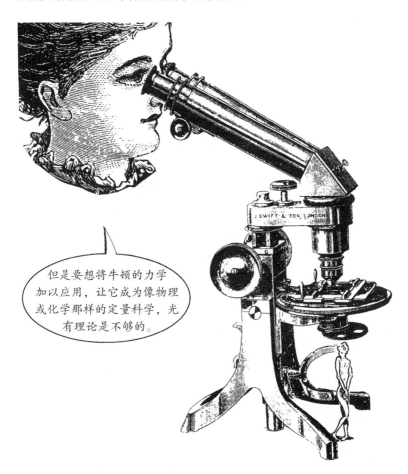

> 但是要想将牛顿的力学加以应用,让它成为像物理或化学那样的定量科学,光有理论是不够的。

经济学家们还需要知道这些个体究竟在做什么。用他们的话说,他们需要像英国经济学家、发明家、哲学家兼热情的资料收集家威廉·配第(William Petty)提供的那类实证数据。

威廉·配第

威廉·配第（1623—1687）曾在荷兰学习医学，一度做过托马斯·霍布斯的私人秘书，后来担任奥利弗·克伦威尔（Oliver Cromwell）的调查员，在爱尔兰工作。由于部分"薪水"以土地的形式发放，所以他成了那里的大地主。

回到英格兰后，他成为皇家学会的发起人之一（其他成员包括洛克、牛顿和当时其他的一流科学家），把他的调查技巧应用到经济调查中。在《政治算术》（*Political Arithmetick*，1676年前后）等书中，他试图回答一个迫切的问题：

英格兰有多富？

还有一个相关的问题：我们能向英格兰征收多少税？

《政治算术》

配第估算，人口总数 600 万左右，每人平均每年花 7 英镑，总计 4200 万英镑。这笔支出应该跟从土地、劳动力和资本获取的总收入持平。*

接下来，配第假设财富来源的三个层次——土地、劳动力和资本——平均分摊投资回报的 5%。这意味着，劳动力的总价值必须达到 5.2 亿（这个数字的 5% 等于 2600 万）英镑。

*"资本"指可用于再生产的资源，从而产生"资本主义"一词。

重量和尺度

由于缺乏可靠的数据,配第的工作只能依赖于某些相当夸张的假设,但仍完全忠实于皇家学会将科学送进定量轨道的计划,也开创了详细核算国民生产和收入的方法——这种方法沿用至今。

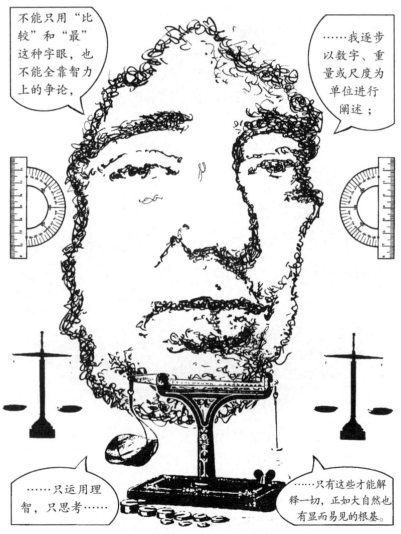

做面团

配第的定量方法被他的朋友、伦敦布商**约翰·葛兰特**(John Graunt,1620—1674)发扬光大。他的书《关于死亡记录的自然和政治观察》(*Natural and Political Observations Made upon the Bills of Mortality*)记录了1604年至1661年之间伦敦新生儿和死者的名单,可以被视为抽样和人口统计学领域的先驱。通过新生儿的出生记录,葛兰特计算出育龄妇女的数量,然后推导出总人口约为38.4万。

弗朗索瓦·魁奈

法国国王路易十四(即"太阳王")在位期间,启蒙运动的价值观不被重视,但在路易十五统治期间,审查制度变得宽松,因此18世纪中叶科学活动极为活跃。

与许多同时代的科学家——包括威廉·配第和约翰·洛克——一样,**弗朗索瓦·魁奈**(François Quesnay,1694—1774)在大学时也学的医学。洛克曾做过沙夫茨伯里伯爵(Earl of Shaftesbury)的私人医生,魁奈在凡尔赛宫的工作是担任路易十五情妇蓬皮杜夫人(Madame de Pompadour)的医生。

重农主义者

威廉·哈维（William Harvey）早前对人体血液循环的发现影响了魁奈的经济观。人体依赖血流的不断循环，经济同样依赖货币的不断循环。

同样，人体的能量来自食物，魁奈相信财富的最终来源是农业。其他所有的经济活动都是"劳而无功"的，也就是说，它们无法产生盈余。

魁奈与米拉波侯爵（Marquis de Mirabeau）等人组建了一个被称为"**重农主义者**"的团体（physiocracy 这个词源自希腊语，意思是"自然政府"）。

"之"字形

重农主义者有自己的期刊和教科书,被认为是第一个组织得当的经济学家群体。

魁奈在《经济表》(*Tableau économique*,首次发表于1758年)中指出钱是如何在农民、地主和工匠这三个阶层之间流动的,其方式跟血液在人体内不同器官之间的流动方式一样。这个表格是今天"宏观经济模型"的雏形。最开始是由农业创造的原始盈余,然后钱在其他两个阶层之间来回交易。

农民向地主交租,地主向工匠买商品,工匠向农民买食物,如此循环。

就连我最忠实的追随者都"陷"进了这个"之"字形。

放血

经过一整年的对这些复杂交易的跟踪,表格显示了农业盈余是如何通过经济被分散出去的。

魁奈的表格不仅仅是一张抽象的示意图,而是建立在对法国经济真实情况的定量估算基础上的。魁奈还用他的方法计算出经济对干扰因素(例如强行征税)的敏感度。

在凡尔赛宫中,人们讨论的主要问题是如何填补七年战争(Seven Years War,1756—1763)给法国财政带来的巨大亏空。

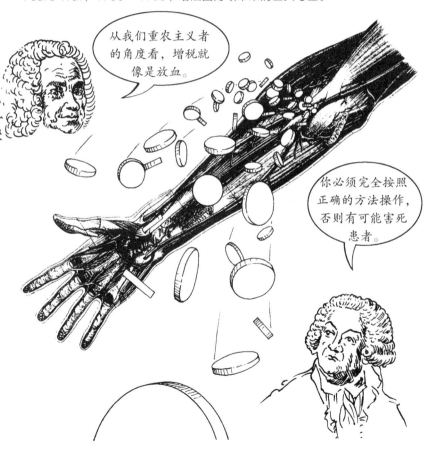

顺应潮流

既然财富源于土地,那么一个国家最容易、最直接的敛财方式就是向地主征税,因为除了收租,他们什么都不做。

经济的其他部分都应该被允许畅通无阻地流动。

为了强调"不干涉"方式,我们普及了"自由放任"(laissez-faire)这个词。

考虑到当时的法国经济被税、补贴、贸易限制、价格控制、同业公会、垄断公司等错综复杂的因素左右,这个提议可说是激进的改革。

雅克·杜尔哥

在某种程度上,时任财政大臣的**雅克·杜尔哥**(Jacques Turgot, 1727—1781)推行的是重农计划。

但是没过多久我就遇到来自既得利益者的强烈反对……

……尤其是在他建议用向地主收税代替强迫劳役(一种强迫农民劳动的系统)之后。

杜尔哥

虽然重农主义者的想法未能在大革命前的法国生根发芽,但他们建立了理解决策所必需的理论模型,也反驳了重商主义者的观点——只有有利交换才能产生财富。他们的"自由主义"方法也为苏格兰经济学家亚当·斯密(Adam Smith)提供了灵感,后者在访问法国期间接触到重农主义者。

亚当·斯密

亚当·斯密（1723—1790）被认为是古典经济学*的创始人。他的主要著作是《道德情操论》(*The Theory of Moral Sentiments*)和《国富论》(*The Wealth of Nations*)，前者写于1759年，当时他受聘做格拉斯哥大学（University of Glasgow）的道德哲学教授，后者是他作为学者在欧洲旅行时动笔的。

《国富论》出版于1776年，即美国革命那年。与洛克对财产权的观点一样，斯密的书对美国新政府的宪法有着深刻的影响。

大概3岁的时候，斯密曾被吉卜赛人拐走，被解救之前在吉卜赛人中度过了一段时间。

不要滥用"自由放任"！要想繁荣，社会也需要强有力的司法系统。

* 古典经济学是经济学的一个学派，强调自由竞争和经济增长。19世纪末出现的、更偏重数学的新古典经济学（见第95页）是它的延续。除了斯密，古典经济学的重要人物还包括托马斯·马尔萨斯（Thomas Malthus，见第61—64页）、大卫·李嘉图（David Ricardo，见第68—71页）和约翰·斯图尔特·穆勒（John Stuart Mill，见第72—75页）。

苏格兰启蒙运动

斯密是苏格兰启蒙运动的成员。与他同时代的人包括大卫·休谟和詹姆斯·斯图尔特爵士（Sir James Steuart），后者写的小册子《关于政治经济学原理的探讨》（*An Inquiry into the Principles of Political Economy*）为英语引入了"供求"这个名词（但是他的文风晦涩难懂，所以这本书几乎没人读过）。

这个团体的特点是乐观地相信理性的力量，客观地追求休谟所谓"人性的普遍原则"。

同时，我们认为人类社会是持续进化和进步的。

苏格兰本身就是一个很好的例子：启蒙运动兴起，加上合并入英格兰，苏格兰从文化沙漠变成了欧洲最发达的地区之一。

商业时代

斯密和苏格兰启蒙运动的其他成员认为,历史经过四个阶段的进化:

因此交换经济并不是凭空而来的,而是政治、司法和经济力量综合的结果。

政府和司法机关必须建立法律并切实执行。在《道德情操论》中,斯密写道:"没有善行,社会或许可以维系,尽管不那么令人舒服;但如果没有公平正义,这个社会必将彻底被摧毁。"

唯利是图的社会

互相同情体谅,是日常生活的润滑剂。

但是斯密认为,除了适宜的法律框架之外,能令社会团结的最重要的事情是商业。

当每个人都只出于"功利而无任何情感"的动机,一个社会才能稳定。

在这个社会中的每个人都不应该负有任何义务,也没必要感激其他任何人,但这个社会可以依靠双方经过讨价还价达成一致并且双方都有利可图的货币交换来维系。

《国富论》

在《国富论》中,斯密用大众能看懂的文字分析了交换经济是如何运作的,并提出"财富是如何产生的"这一问题。

他批评重商主义者把"囤来的钱"当成"财富"。跟其他任何物品一样,金或银的价值高低取决于供应量的多少。货币供应量过多只会导致通货膨胀。于是斯密对**实际**(real)价格和**名义**(nominal)价格加以区分。

实际价格相同的,通常价值也相同,但考虑到金和银的价值会变化,所以名义价格相同的,有时价值并不同。

《国富论》作者

国民财富的性质和原因的研究

亚当·斯密 著

两卷本
第1卷

伦敦

劳动价值论

决定一件物品实际价值的神奇因素,是得到这件物品所必需的**劳动**。

每件物品的实际价格,即购买者实际支付的价格,取决于在得到它的过程中所付出的辛苦劳动。

斯密认为,这里的"劳动"不仅仅指人类的生产嫁接。在现代经济中,"劳动"还必须包括租金或利润等因素。

以玉米价格为例,一部分要交地主的租子,一部分支付劳动力的报酬和耕牛的饲料,还有一部分是农民的收益。

自然价格

当然,衡量价值的时候必然要跟其他物品——例如钱——相比较,因此实际价值或许只能根据市场给出的名义价格推测出来。相应地,还是取决于供求关系。

由此可见,斯密观点的核心是,市场竞争迫使物品的价格达到"自然"的水平,术语即"均衡价格"(equilibrium price),劳动、土地和资本等各自的实际价值都在均衡价格中得到体现。

经济引力定律

在一个竞争的市场里,如果某种物品太贵了,那么就会有更多的供应商进入该市场,供货量就会增加,竞争会让物品价格下跌。如果价格太低,那么供应商就会破产或离开市场,然后价格就会上扬。

无形之手

自由市场的美好之处在于,它们无须强制或控制,甚至无须故意为之就能获得这种美好。它们要做的,只不过是让人们听从内心的欲望。

我们的晚餐并非来自屠夫、酿酒师和面包师的善行,而是来自他们对自身利益的关切。

通过追求自身的利益,个体"被一只无形之手所引导,最终达到的结果并非自己的意图"。利己与公益并不冲突。积累资本不是罪恶,而是投资和经济发展的来源。

市场秩序

因此"无形之手"能够解释:在单次冲击中市场如何让价格与"自然"价格相结合,如何公平分配劳动、土地和资本的回报,如何匹配供与求,如何引导社会生产那些需求最迫切的产品和服务,以及无须外力如何自我约束。

但市场还是需要一定程度的管理,例如防止形成垄断,因为垄断会损害竞争机制。

斯密还看到了一个在修路和教育等公共服务方面发挥作用的有限政府(limited government)的角色。

分而治之

与古人色诺芬一样,斯密主张:如果某个行业的活动被分解成许多小任务,每个人只专注于完成一个小任务,那么这个行业会变得更加高效。他以大头针工厂为例。

一个人抽出铁丝,另一个人拉直,第三个人切断,第四个人捏出针头,第五个人打磨针顶部、放置针头的位置……

做针尖需要两步或三步操作。把针头放到针顶是一项单独的工作,把针磨到亮得发白也是一项单独的工作……

照这么看,生产大头针这个行业,大约能分解成 18 项不同的工作。

将任务细分也有助于让这些工作机械化。

增长的市场

大头针工厂的画面也适用于整个社会。要促进经济增长，最好的方式是提高专业化的总体水平。反过来，这又需要大量资本——支付工人使用的工具和机器的开销，维持人们交换技术和器物的大型市场，以及进行国家之间的自由贸易。

以垄断、关税和工会协会为特征的重商主义表面上或许能够促进经济增长，但实际上是阻碍了。在大多数情况下，政府想让经济良性增长的最佳方法就是不介入（自由放任）。

工业革命

经济增长的概念相对较新,中世纪的人可能连想都没想过,因为在当时社会地位由传统或任命决定,禁止做广告,谋求提升地位或财富显然是被人所不齿的。

但是斯密的书恰好与英国工业革命同时诞生。詹姆斯·瓦特(James Watt)——斯密在格拉斯哥大学的同事——的新发明蒸汽机使采矿、纺织、磨坊、农业、制造和交通等行业发生了巨大的变革。

在人类创造力和欲望的驱动下,在无形之手的控制下,市场的力量和资本合作,势不可当。

托马斯·马尔萨斯

启蒙运动思想家们对经济增长持大体乐观的态度。例如,斯密主张应降低儿童死亡率(英国部分地区儿童死亡率超过50%),这样劳动力就会增加,从而抑制劳动力薪水上涨。

然而,英国牧师兼学者**托马斯·马尔萨斯**(1766—1834)指出了一个潜在的大玄机。

在1798年出版的《人口论》(*Essay on the Principle of Population*)中,马尔萨斯认为,这种情况不能再继续下去,原因很简单——食物将不够养活那么多人口。

指数增长

马尔萨斯用一个极简风格的数学模型阐述他的观点。

"几何"或等比数列是指一群以不断相乘的方式得到的数字：2，4，8，16，32……"算术"或等差数列是指一群以不断相加的方式得到的数字：2，4，6，8，10……

因此，如果食物供应以算术级数增加，无论一个国家最初消耗多少食物，人口最终会超过食物能养活的数量。

坏收成

一旦人口变得过多,大自然会找到解决方法。

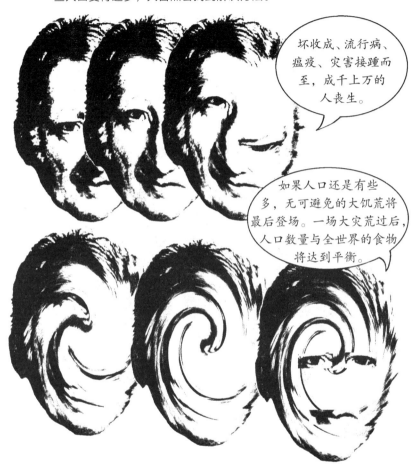

坏收成、流行病、瘟疫、灾害接踵而至,成千上万的人丧生。

如果人口还是有些多,无可避免的大饥荒将最后登场。一场大灾荒过后,人口数量与全世界的食物将达到平衡。

因此马尔萨斯反对《济贫法》,因为它只会鼓励穷人多生孩子。

马尔萨斯的观点多少有点悲观,与当时的扩张主义情绪格格不入。马尔萨斯的理论也使得经济学被托马斯·卡莱尔(Thomas Carlyle)贴上"沉闷科学"的标签。卡尔·马克思(Karl Marx)后来称马尔萨斯的人口论是"对人类的诽谤"。

适者生存

马尔萨斯的人口论对查尔斯·达尔文（Charles Darwin）的自然选择理论和生态系统研究产生了重要影响。

人口压力意味着只有适者才能生存。

但马尔萨斯的人口统计学计算没有考虑以下两个因素：提高食物产量的科技，以及财富和繁衍之间的联系。

当一个国家变得更加富有，首先人口会快速增长，同时死亡率下降——在马尔萨斯生活的年代，英格兰和美国都是这样。但是，增长率往往会随着时间的流逝降低，因为富人倾向于少生孩子。

杰里米·边沁

哲学家、法理学家兼社会改革家**杰里米·边沁**（Jeremy Bentham，1748—1832）对经济的看法比较乐观。他的**功利主义**哲学对未来的经济学家有着深远的影响。

边沁不相信约翰·洛克倡导的那类"自然法"，也不相信基督教道德观。他相信法律和道德准则的出现是为了迎合不断进化的社会需求，而且应该按照"最大幸福原则"制定——也就是说，法律和道德准则应该谋求"最大多数人的最大幸福"。

享乐主义科学

"效用"的定义看起来似乎是"增加或减损利益相关方的幸福"。可以用牛顿式的"享乐主义微积分"来计算。

理性社会

边沁的目标是让社会政策变得理性而开明。"大自然将人类置于两位君王——痛苦和快乐——的宰制之下……功利原则承认人类对这两位君王的服从,视之为制度的基石,该制度的目标就是通过理性和法律培育幸福的结构。"

1832年边沁去世的时候,他的遗嘱里有一条,就是把他的遗体制成木乃伊陈列在伦敦大学学院(UCL)的玻璃柜中,头部用一个蜡质复制品代替。

用防腐剂保存的、状态不大好的边沁的头部,UCL,伦敦

大卫·李嘉图

边沁的拥护者包括政治经济学家大卫·李嘉图（1772—1823）和约翰·斯图尔特·穆勒（见第72—75页）。他们希望用相似的逻辑和功利主义解释经济学。

大卫·李嘉图起初是一个股票经纪人，因为在拿破仑滑铁卢战役中押宝成功（他买了英国的证券），所以在41岁退休时非常富有。后来他担任下议院议员。

李嘉图在《政治经济学及赋税原理》（*Principles of Political Economy and Taxation*，1817）中提出一个经济理论，他的理论融合了劳动价值说（见第31页、第53页）和他的朋友兼学术对手马尔萨斯的某些关于人口增长的观点。

> 决定租金的不是土地的价值，而是土地价值的差异。

高租金

拿破仑的战争导致英格兰谷物价格在重商主义的进口关税体系（被称为《谷物法》[Corn Laws]）之下持续走高。面包几乎花掉一个劳动力一半的工资，地主们大捞其财（这很奇怪，因为他们并不劳作）。

考虑到人口增长的现状（人口增长迫使开垦新的土地种粮食），李嘉图用抽象名词分析上述情况。

跟已经栽种过的土地相比，这块土地肥力较弱，收成较差，所以粮食的价格会上涨。

拥有最好的土地的人现在挣钱比过去更多，因此就有了扩大生产的资本。

废除《谷物法》

谷物供应增加,(按照马尔萨斯的说法)人口也将增长。工资要跟上随之而来的通货膨胀的速度。最终,工业利润减少,新投资终止,经济不再增长,达到稳定状态。工人要挣(以票面金额而言)更多的钱,但他们的实际收入仍然保持在只够买生存资料的水平。地主是唯一的赢家,他们被动地依靠市场力量的机械效应获利。

地主的利益总是与社区内其他各阶层的利益冲突。

解决这种困境的方法只有一个:进口粮食。这么做将减少地主的利润。李嘉图因此提倡废除《谷物法》和接受自由贸易。

比较优势

李嘉图的**比较优势**理论用了一个简单的例子——两个国家（葡萄牙和英格兰）买卖两种产品（红酒和布匹），显示出自由贸易是如何促进经济增长的。他解释说，如果两个国家只生产各自擅长的，产品就会便宜一些，进口到另一个国家后就能赢利。所以自由贸易不仅仅是零和游戏。

李嘉图简化的分析忽略了许多复杂因素，约瑟夫·熊彼特（Joseph Schumpeter，见第121—122页）后来将"李嘉图恶习"定义为"为得到想要的结果而选择性假设"。但它为经济学的演绎逻辑树立了新标准，也为卡尔·马克思和现代自由贸易者等后世的思想家们提供了灵感。

约翰·斯图尔特·穆勒

约翰·斯图尔特·穆勒(1806—1873)是家中长子,父亲詹姆斯·穆勒(James Mill)是杰里米·边沁的密友。他从小在理性启蒙的环境中长大,3岁学希腊语,8岁学拉丁文,13岁读亚当·斯密和大卫·李嘉图的书。

16岁时他提出功利主义,在他看来,功利主义是"一种信条、一种学说、一种哲学;用最贴切的词来说,是一种宗教"。20岁时他经历了一场重度抑郁,但病愈时他发展出自己的政治经济学观点,以一种新的方式将功利主义和李嘉图经济学结合在一起。他的《政治经济学原理》(*Principles of Political Economy*,1848)成为当时主要的经济学教材。

传播财富

穆勒主张,财富的*产生*主要受物理限制和法律驱动,例如可以耕种的土地数量;但是财富的*分配*比较灵活,由社会法则和习俗控制。

当前的分配"几乎与劳动成反比":

……从来不工作的人分配到的最多……

……工作越辛苦越难做,收入就越少……

……最累最疲惫的体力劳动者甚至不能保证得到足够活命的必需品。

因此国家的职责应该是建立保护个人自由(效用最大化的必要条件)的机构,还要保证公平和平等的分配——例如收取遗产税和给工人们分红。

人类进步

穆勒是一个坚定的社会改革家,他并不把经济看作刻板、机械的经济法则的被动产物。虽然马尔萨斯和李嘉图认为工人阶级一旦涨薪就会多生孩子,而多生孩子就会减少家里的生存资料,但穆勒相信通过教育、控制人口出生和救济少子家庭等方式能够改善他们的行为。

在《妇女的从属地位》(*The Subjection of Women*,写于 1861 年,出版于 1869 年)中,穆勒说:

> 规定一个性别从属于另一个性别的法律,本身就是错误的,现在已经成为人类发展的主要障碍。

他还意识到,经济发展和人口增长会损害环境——这是一种负效用。

稳定状态

与李嘉图一样,穆勒也相信社会可以朝稳定状态发展,届时资本和人口都达到基本稳定的水平。但是,和李嘉图相比,穆勒对这一点更为肯定。稳定后,社会将进入另外一个类型,而不是停止进步。

> 各种思想和文化将取得空前的发展空间,道德和社会将获得前所未有的进步。生活质量和寿命也有很大可能提升和延长。人们将不再关注眼前的苟且。

在穆勒写书的时代,工业化的某些令人不快的副作用逐渐显现出来。

挣钱

维多利亚时代的人并不全都热爱扰人清静的科技变化、城市人口增长、烧煤引起的污染、对野蛮竞争的强调,以及经常是糟糕的工作环境(每周在工厂里劳动80小时乃至更多)。

24岁的**弗里德里希·恩格斯**(Friedrich Engels,1820—1895)是一个享乐主义者,出身于富裕的德国家庭,游历过曼彻斯特的贫民窟。他的《1844年英国工人阶级状况》(*The Condition of the Working-Class in England in 1844*)是对英国资本主义的严厉批评。

英国资产阶级对他的工人是否挨饿漠不关心,只要后者能替他挣钱就行。一切生活条件都用钱衡量,挣不到钱的都是无意义、不实际、理想主义的胡扯。

有人说我是第一个香槟社会主义者。

卡尔·马克思

恩格斯的朋友、德国哲学家、历史学家和经济学家**卡尔·马克思**（1818—1883）相信这些日益严峻的社会不公正现象是资本主义的内在特性，最终将导致资本主义崩溃。

从斯密到穆勒，古典经济学家都认为经济是由原子个体组成的，个体间互相竞争，所有个体都可纳入劳动力、地主和资本家这三个阶层。马克思把三个阶层简化成两大对立面：工人（无产者）和资本家。前者除了劳动力一无所有，后者靠资本赢利。

——《共产党宣言》（*The Communist Manifesto*），马克思和恩格斯，1848 年

剩余价值

古典经济学家认为劳动力是价值的最终来源,但马克思发现这个价值没有被公平分配,劳动力创造的价值和他们得到的工资之间有差距。"剩余价值"指被资本家——即"钱袋先生"——拿走的收益。

在《资本论》(*Das Kapital*,第一卷出版于1867年,马克思死后由恩格斯完成,分别于1885年和1894年出版)中,马克思主张,资本家和工人阶级二者力量的不平衡,意味着劳动力将总是被当作有价值的物品而受到压榨。

被亚当·斯密认为可以促进生产力的专业化只会把工人变成资本家压迫阶级更顺手的工具。

因此,工人跟他们的工作和社会越来越疏远。

经济繁荣与萧条的交替周期

马克思是最先详细分析经济繁荣/萧条交替周期的经济学家之一。他主张,这种周期是被资本主义传动中枢驱动的,而资本主义旨在积累资本并投资可以无须人工的机器。过一段时间后,这个过程就会使生产过剩,导致危机,某些工商业就会破产(李嘉图等古典经济学家大多认为过剩不可能发生,因为需求从根本上是无止境的)。一旦价格和产量下降到足够低的程度,需求会恢复,周期重新开始。

不断追求增长意味着资本主义社会永远不会达到穆勒所谓的稳定状态。

*《资本论》

阶级反抗

马克思估计，一个周期为十年左右。但是，经济周期只是更大的历史周期的一部分。

马克思相信，资本主义的"内在法则"意味着，每经历过一次繁荣和萧条的周期，资本就进一步集中在少数人手中。工业产量会增加，但对工人的剥削和异化也会加重。因为缺乏社会流动，所以工人和资本家的分歧越来越大，最终导致"工人阶级的反抗"。

一个阶级的数量不断增加，被资本主义生产过程本身的机制训练、联合、组织。

资本家私人财产的丧钟敲响。剥削者将被剥削。

历史的终结

格奥尔格·黑格尔（Georg Hegel，1770—1831）的**辩证法**认为，对立思想之间的斗争产生融合和新的历史阶段。马克思遵循辩证法，把资本主义看作机械的历史进程中的一个阶段。正如古希腊和古罗马的奴隶社会被封建社会取代、封建主义又让位给资本主义一样，资本主义下工人和资本家之间的对立无疑会导致资本主义崩溃，并被一个新的、没有阶级的状态取代，那个状态——即共产主义——代表社会的完美状态和历史的终结。

达尔文发现了生物的进化规律，马克思发现了人类历史的进化规律。*

*恩格斯在马克思葬礼上的悼词

说你想要一场革命

虽然共产主义革命没能及时开展,但一些人(包括列宁[Lenin])拖住了帝国主义的发展,暂时扩大了可利用的劳动力储备。

当马克思在大英博物馆的阅览室里思考共产党人的大规模革命时,在经济学领域内,一种不同类型的革命正在酝酿,比共产主义更深刻地影响了人们对钱的看法。

以牛顿物理学为模板,经济学开始成为一门越来越专业的科学性学科。

供求

法国数学家兼经济学家**安东万·奥古斯丁·古诺**（Antoine Augustin Cournot，1801—1877）从数学角度分析出价格机制。他首先提出了需求曲线的想法。

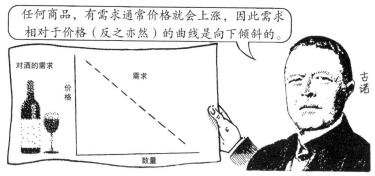

同样，价格将带动商品供应的增加。曲线的交点代表供求的平衡点。1870年，爱丁堡大学的工程学教授**弗莱明·詹金**（Fleeming Jenkin，1833—1885）发表文章《论以图形表示供求》（On the Graphical Representation of Supply and Demand，他的画像至今仍出现在所有经济学入门教材里），文中阐明了二者的关系。供和求的概念已经被讨论几百年了，但到此时两个概念才以正式的数学名词表达出来。

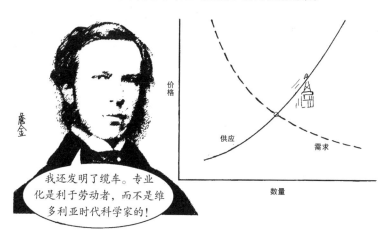

真科学

英国经济学家、博学多识的**威廉姆·斯坦利·杰文斯**(William Stanley Jevons,1835—1882)进一步研究数学化的经济学。他读斯密的《国富论》等书,被数量和测量的常数吸引,认为很快就可以用更加精确的数学语言解释经济学观点。

每次用到"平等"或"相等"这个词,就意味着存在一个数学等式。等式当然是相等的。每次用到"比例"这个词,就是指一个以等式表达的比率。

杰文斯

杰文斯相信,"如果经济学是一门真科学,那么它的内容不能只有类比,它还必须用实实在在的方程式进行论证,就像其他所有的系统科学一样"。

边际效用

杰文斯是边沁学说的支持者，相信经济交换的目的是个人效用的最大化——更确切的说法是，**边际效用**（marginal utility）的最大化。这是消费或生产出来的终极效用，符合边际效用递减规律。

例如，一个工人连续工作，直到筋疲力尽的痛苦（负效用）与领时薪的快乐（效用）相等。

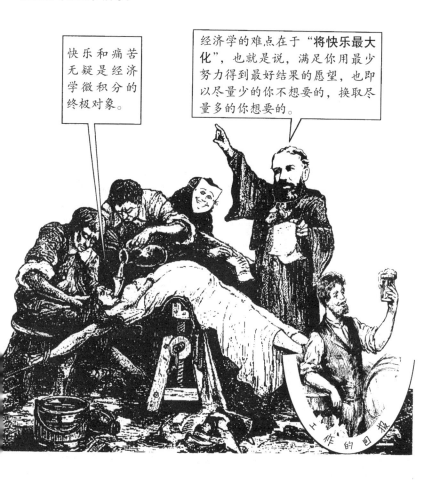

理性经济

通过假设效用最大化,就有可能建立一系列可以控制交换的数学等式。例如,杰文斯展示了两种商品的价格之比与它们的边际效用之比相等。

杰文斯认为这些微积分等式相当于牛顿的理性力学。

这个理论或许可以被描述为"**效用和利己的机制**"……

与运动学或静力学一样,它的方法也确定无疑,而且可以通过演示证明,不仅如此,只要完全理解公式的真实含义,它还几乎像欧几里得的原理一样不证自明。

市场震荡

当然,效用无法直接测量,但正如杰文斯指出的那样,物理等领域也有同样的问题。

例如,重力没法测量,除非你知道一个物体在一段时间内的速度。

同样,通过观察金融交易,能估算出快乐的程度。

实际上,与其他科学相比,经济学有一个优势——可以从市场获得大量数据:"(我们)通过人们做的决定来衡量情绪与价格的关系……市场价格精密地反映出意愿的波动。"

平均人

在计算或测量某件商品的效用时,另一个问题是,不同的人可能差别巨大。而且,价格数据只能靠大型群体的交易情况累积。

杰文斯绕开这个问题,提出要理解经济,可以用"平均人"(average man)的概念分析经济。这个概念是法国科学家**阿道夫·凯特勒**(Adolphe Quetelet)提出的。

观察的个体数量越大,(无论肉体或精神)被擦掉的特质就越多。人的共通性占了上风,社会的存在和维持都靠它。

理想市场

正如物理学家研究抽象问题时将摩擦力的影响忽略不计,杰文斯只分析理想化的市场——市场信息免费提供,商户之间是完美的自由竞争关系。

他还假设竞争市场会驱使价格达到平衡状态。他比较了价格机制和钟摆运动——当供求达到理想的平衡时,钟摆就静止了。

这种数学方法与古典的劳动价值理论相反(后者认为商品价格反映出生产或获取这件商品所需的劳动力的多少),否认了马克思的剥削论。

价值完全取决于效用。

莱昂·瓦尔拉斯

杰文斯只研究简单的例子,例如单件商品的价格。但是正如古诺所说:"经济系统是一个整体,其中的每个部分都是相互联系的。"例如,小麦价格会影响面包价格,从而影响生活成本并影响其他货物的价格。

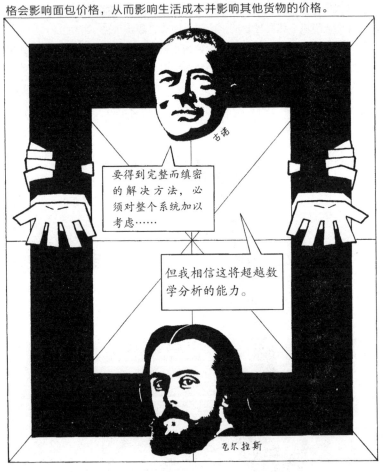

然而,法国经济学家**莱昂·瓦尔拉斯**(Léon Walras,1834—1910)决定尝试一把,还想出了一个办法模拟出售多种货物的市场。

纯粹经济学

在《纯粹经济学要义》(Elements of Pure Economics, 1874)一书中,瓦尔拉斯分析了一个想象中的市场,买卖双方在这个市场里交易各种货物,生产商可以用原料随意生产不同的产品以使利润最大化。像杰文斯一样,他假设市场是完全自由竞争的,市场里的人都为了自身效用最大化而理性行事。

结论是一个复杂的数学模型,由一连串必须同时满足的等式组成。

我自己无法解这些方程式。但是,通过计算方程式的数量和未知数的数量,我能证明这些方程式一定有解。

他还坚持(虽然从未被证明),方程式的解应该是稳定的。

摸索之手

亚当·斯密用"无形之手"来解释市场,而瓦尔拉斯用"摸索过程"——法语 tâtonnement——解释市场。

他想象一个拍卖商作为买卖双方的中间人。拍卖商从原始价格起拍,不断调整,直到买家和卖家达成一致。因此,拍卖商是"摸索"着叫到那个价格的。

这个过程的最终状态是供求达到完美平衡,价格处于稳定的平衡点。

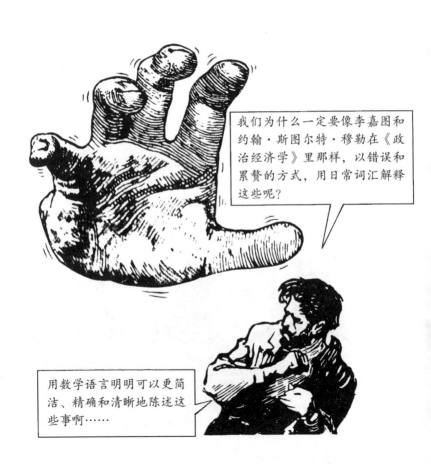

我们为什么一定要像李嘉图和约翰·斯图尔特·穆勒在《政治经济学》里那样,以错误和累赘的方式,用日常词汇解释这些呢?

用数学语言明明可以更简洁、精确和清晰地陈述这些事啊……

维尔弗雷多·帕累托

在瓦尔拉斯从瑞士洛桑大学退休之际,他的学生、意大利经济学家和社会学家**维尔弗雷多·帕累托**(Vilfredo Pareto,1848—1923)继承了他的学说。

我学的是工程专业,我的学位论文题目是《固体平衡的基本原理》(The Fundamental Principles of Equilibrium in Solid Bodies),但我在商业和政治方面也有经验。

他的《政治经济学手册》(Manual of Political Economy)发表于1906年,他在这本书中详细阐述了瓦尔拉斯的均衡理论,并扩展了它的数学基础。书中还提出了"**帕累托最优**"(Pareto optimality,见第130页)的观点:帕累托最优是一种状态,在这种状态下,如果某个变动能让一个人更加富裕,那么其他人的财富就会减少。

二八定律

但是帕累托在今天更有名,因为他提出了从经验数据得到的发现:帕累托法则,又名"**二八定律**"(80/20 rule)。他观察到,在他收集数据的大量国家和地区,20%的人掌握着80%的财富。

而且财富遵循特定的分布:如今称为"**幂律**"(power-law)分布或"**无标度**"(scale-free)分布。

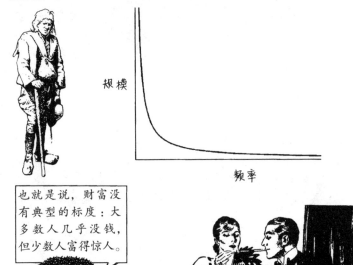

也就是说,财富没有典型的标度:大多数人几乎没钱,但少数人富得惊人。

许多自然现象也以相似的方式分布。例如,如果地震的强度增加一倍,那么它出现的概率将大致是原来的四分之一。用数学术语来说,地震频率随规模的平方而定,即2次幂("幂律"的由来)。*

*地震等级与发生概率的关系贴近这个公式的值域,严格来说只是一种现象,并不是推演出来的公式。——译注

新古典经济学

杰文斯、瓦尔拉斯和帕累托与**弗朗西斯·埃奇沃思**（Francis Edgeworth, 1845—1926）等其他经济学家一起建立了现称"新古典经济学"的基础。新古典经济学如今仍是全球经济学正统理论的核心。

这个理论明确展示了经济学和物理学的可比性（例如将效用等同于物理学的能量概念），还像埃奇沃思在《数学心理学》（*Mathematical Psychics*, 1881）中说的那样，假设每个人的行为都指向"实现快乐——宇宙神圣之爱——的最大能量"。该理论还吸收了后来被称为"经济人"（Homo economicus）——即理性经济人——的观点。

《数学心理学》里的等式

理性经济人

新古典经济学家使用的数学模型建立在对市场的某种简化假设(例如完全竞争)的基础上,还跟生产者和消费者的行为有关。例如,供求定律要求人们对某种物品有固定偏好,而且这种偏好不随时间而改变(否则价格就不能达到平衡点)。供求定律还假设人们能够得到所有的相关信息,并采取理性行动使自己的效用最大化。

静止和运动

新古典经济学的另一个关键假设是:经济趋向稳定的平衡状态。与其他假设一样,提出这个假设的部分原因在于它能让计算变得比较简单。正如杰文斯所言:

与计算钟摆被抬起后它将具有的速度相比,预测钟摆将在哪个点静止更容易。

经济同样如此。但是,如果经济被看作是将效用最大化——既然它处在不断的流动状态中,那么它在某些时刻必然比其他时刻更好——那么关于稳定的假设就是必需的。

经济是理性的、有序的,跟宇宙本身一样。

太阳黑子

虽然均衡有可能存在,但仍需要考虑随机出现的干扰和经济周期等长期效应。

杰文斯有个理论,经济周期被太阳黑子驱动。

由于太阳黑子影响气候,而气候影响农业,而农业影响经济的其他方面……

所以结论是:行星的布局或许会成为商业大灾难的一个因素。

不幸的是,经济周期——杰文斯认为每10.5年一个周期——与太阳黑子周期并不完全匹配。这让他对天文学家的太阳观测水平提出质疑,双方为此争论了很久。

专业领域

到 19 世纪末,经济学家们基本上成功地将他们的领域从政治哲学的分支转化成拥有专门学术期刊和大学专业的专业领域。美国经济协会(American Economic Association)成立于 1885 年,伦敦政治经济学院(London School of Economics and Political Science)创立于 1895 年。

新古典经济学认为世界是机械的,理性、独立、原子般的个体像被固定规则控制的、一动不动的粒子,与此同时,经济学变得更加数学化了,没学过数学专业的人甚至开始感到被排斥。

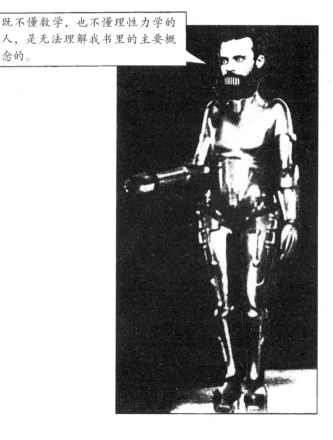

既不懂数学,也不懂理性力学的人,是无法理解我书里的主要概念的。

阿尔弗雷德·马歇尔

数学家出身的经济学家**阿尔弗雷德·马歇尔**（Alfred Marshall, 1842—1924）进一步发展了新古典经济学。他的《经济学原理》（*Principles of Economics*）出版于 1890 年，在 20 世纪 50 年代之前被广泛用作教材。这本书使供求和边际效用等观点深入人心，还提出了"**价格弹性**"（price elasticity）的概念。

> 单位价格下降所带来的需求增加的多少，决定了市场需求的弹性（或响应性）的大小；单位价格上升所带来的需求降低也适用于此。

用数学名词来说，弹性与需求曲线的斜率反相关。

以微积分为基础的等式适用，是因为自然从不骤变（Natura non facit saltum）。

扔掉数学

虽然马歇尔在工作中运用数学,但他也认同用语言解释观点的重要性。他如此描述他的方法:

(1)把数学用作速记语言,而不是问题的入口。
(2)保持这样,直到做完。
(3)用语言来表述。
(4)用实际生活中的重要例子讲解。
(5)扔掉数学。
(6)如果(4)没成功,那就到(3)。我经常这么干。

卡尔·门格尔

维也纳大学的**卡尔·门格尔**（Carl Menger，1840—1921）发展出边际效用理论的一个单独分支。他同意瓦尔拉斯和杰文斯的"效用从属于收益递减规律"的观点——第一个被吃的苹果比最后被吃的更有用。但是他认为物品的效用不能用"快乐"衡量，而是看它能在多大程度上满足人类的需求，而这一点人和人不同。

主观价值

门格尔相信,经济学需要专注于个体的行为,而不是群体或集体的行为,因为只有个体能行动和做决定。

他的"主观价值论"的内容之一是:个体,而不是政府,最适合决定什么才是对自己有利的。另一个内容是:经济理论不能像物理学理论那样试验,因为人并非一动不动的物体。不可能在不改变人行为的情况下用人来做受控的科学实验。

相反,经济原理必须靠演绎法推导出来。

自发出现的手

门格尔用进化的概念看待经济,主张制度(包括私人财产和货币制度)应自发形成,以解决人类需求,而不是应需求才设计或计划建立。

亚当·斯密

无形之手是这类自发秩序的范例,因为它的出现无需中央控制系统。

门格尔的观点对(自发)跟随他左右的群体影响很大,这个群体被称为"**奥地利学派**"(Austrian School)。追随者包括约瑟夫·熊彼特和弗里德里希·冯·哈耶克(Friedrich von Hayek),二人进一步发展了自发秩序理论,后文将谈到(见第121—124页)。

约翰·贝茨·克拉克

边际效用理论也在美国扎根。在 1899 年出版的《财富的分配》(*The Distribution of Wealth*) 中，约翰·贝茨·克拉克提出一个边际生产率理论，认为劳动力挣的工资、资本获得的利润与它们对产出的边际贡献是相等的。"收入的社会分配受自然法则控制……这个法则，如果应用起来毫无阻力，那么分配给每项生产要素的财富应该与它们创造的相等。"简单说就是：在一个竞争社会里，每个人都得到他应得的。所以资本主义体系是分配财富的最佳方式。克拉克之所以这么说，部分原因在于他不喜欢共产主义，他描述美国的共产主义者是"无用或有犯罪性格"的人。

克拉克用大海的比喻来解释边际主义者对长期稳定性的强调。

考虑到它的面积，水面上只有不规则的小浪花。

如果我们像鸟儿那样从空中俯视……我们也许会把波涛和涌流当作"干扰原因"造成的小小涟漪。

规模经济

新古典经济学描绘的、由许多互相竞争的小公司组成的稳定市场或许可以满足数学公式,但并不完全适用于世纪之交的美国,因为诸如美国电话电报公司(American Telephone and Telegraph)、亨氏(Heinz)、金宝汤(Campbell Soup)、桂格麦片(Quaker Oats)、宝洁(Procter and Gamble)、柯达(Eastman Kodak)和西屋电气(Westinghouse)之类的大公司都在为开拓市场而扩大规模经济。

收益递减规律不适用,"最大、最快"才是王道。垄断和大企业联合一直是个问题,铁路利用自身地位控制运输,哄抬货运价格。

炫耀性消费

经济被约翰·D. 洛克菲勒（John D. Rockefeller，石油）、皮尔庞特·摩根（J. Pierpont Morgan，银行）和安德鲁·卡内基（Andrew Carnegie，钢铁）等巨头控制，有闲阶层不断扩大，经济学家**托斯丹·凡勃伦**（Thorstein Veblen，1857—1929）所谓的"炫耀性消费"成为他们的消费主张。他发现，奢侈商品实际上价格越高越吸引人，这跟新古典经济学对于需求曲线走低的假设相悖。

凡勃伦是约翰·贝茨·克拉克的学生，但摒弃了后者的边际理论，而是倾向于用人类学看待经济的观点，即"**制度主义**"（institutionalism）——强调公认的社会准则和制度的作用。他对富人的分析非常接近人类学家对亚马逊部落首领的分析。

消费是所有生产的唯一出路和目的。

没必要对此过分敏感。

有闲阶级

凡勃伦算是一个攻击传统观念的人,所以每份工作都干不长。他写文章尖锐地批评富人和传统经济学理论。在他的《有闲阶级论》(Theory of the Leisure Class, 1899)中,他讽刺了功利、平衡的"理性经济人"形象:

享乐主义者者认为人是快乐和痛苦的快速计算器,快乐和痛苦像幸福欲望的小水珠一样,受到刺激后波动,人在快乐和痛苦之间不断更换位置,却完全不受触动。

凡勃伦理论的承继者包括出生于加拿大的**约翰·肯尼斯·加尔布雷斯**(John Kenneth Calbraith, 1908—2006),他的著作关注经济决策的文化内涵,例如广告是如何塑造消费偏好的。

欧文·费雪

数学经济学家**欧文·费雪**（Irving Fisher，1867—1947）对经济的分析比较枯燥和传统。作为耶鲁大学第一个被授予经济学博士学位的人，他继续提出或普及许多现代经济学的重要观点。

例如，费雪方程式显示出在考虑通货膨胀的时候如何计算实际利率 r。

$$1 + n = (1 + r)(1 + i)$$

r 大致等于 n−i，n 是名义利率或观察利率，i 是通货膨胀率。

所以，如果名义利率是 6%（n=0.06），但预期通货膨胀率是 4%（i=0.04），那么实际利率只有 2%（r=0.02）。

费雪

货币数量论

费雪还提出了建立在费雪方程式 MV=PT 基础上的**货币数量论**（quantity theory of money）。这个方程式的意思是，流通货币数量 M 乘以货币转手的平均速度（或称周转率）V，等于平均交易价格 P 乘以交易总量 T。

等式左边的 MV 代表货币在经济中的流动：假设一张十元的纸币每年转手四次，那么总交易额就是 40 元。等式右边的 PT，在一个国家不断加总，总量就是今天所说的"国内生产总值"（GDP）。

所以，这个等式表明 GDP 等于货币乘以周转率。

快钱

威廉·配第等其他经济学家指出,这个等式本质上是会计报表。费雪认为,V和T因为与货币供应量相关,所以是固定的,因此如果货币供应量增加——假设增加5%吧,那么价格也会增长5%。

费雪方程式构成了货币主义的基础,货币主义倡导者中最出名的是米尔顿·弗里德曼(Milton Friedman,见第134页)。

崩盘

在费雪那个年代，他是最出名的经济学家，他的文章和讲座覆盖多种主题，甚至包括非正统健康疗法，因此他变得非常富有。但费雪的声誉和财富都在1929年股市崩盘中受损。

崩盘前一周，费雪说：……

股票价格已经攀升到似乎永远不变的高度。

他继续数月向投资者保证，那不过是小小的波动而已。道琼斯指数最终蒸发了89%的市值。

后来费雪警告说（这次比较准确），通货紧缩正在加剧大萧条，因为通货紧缩使人们更难以还清债务。但是等到这一切真的发生的时候，人们已经转而寻求另一位著名经济学家约翰·梅纳德·凯恩斯（John Maynard Keynes）的帮助了。

约翰·梅纳德·凯恩斯

大萧条产生于美国,但因为涉及国际债务,所以很快就像多米诺骨牌一样扩散到各工业国家。1933 年,几个国家的失业率高达 25%。由此导致的社会动荡助长了德国的纳粹当权。

第一次世界大战期间,**约翰·梅纳德·凯恩斯**(1883—1946)曾为英国政府工作,并以英国代表的身份出席凡尔赛和平会议。

但我辞职了,因为我相信条款对德国的报复心过强了。

我预言,确切地说,条约将导致金融不稳定,甚至引起另一场战争。

1933 年,凯恩斯出版了《繁荣的手段》(*The Means to Prosperity*),提出可以通过反周期的公共支出(也就是说,在经济周期低迷时通过消费促进经济)以减少失业。这个观点在他的重要代表作《就业、利息与货币通论》(*The General Theory of Employment, Interest and Money*,1936)中得到了延续。

节约悖论

解决失业的传统办法是降低工资,直到劳动力的需求量和供应量持平,并且减少政府支出以弥补税收不足。凯恩斯相信这些政策是错误的。

首先,工资不是非常灵活的,而是与劳工合同之类的东西相关。

节约悖论也意味着在经济衰退期间,人们会更多地攒钱、更少地消费,从而加剧经济衰退。

经济很容易陷入一种自我强化的平衡状态:低需求、高失业,任何余钱都被存起来,而不是用于工作或投资购买机器(与亚当·斯密的假设相反)。用货币数量论解释就是货币的周转率会降低。

乘数效应

因此,政府必须积极介入,例如投资建设铁路等公共事业工程项目。凯恩斯主张,这种公共支出也会通过乘数效应(multiplier effect)获益。

货币政策,换言之,增加货币供应量(见第135页),在经济不景气的时候效果较差,因为钱都被存起来而不是花出去了。

动物精神

虽然凯恩斯的专业是数学,但他意识到数学模型的局限性和心理因素对促进经济的重要性。

我们决定做积极的事情,大多……只是出于**动物精神**——想要做点什么而不是无所作为的自发冲动,而非出于量化计算了加权平均与概率乘积的结果。

凯恩斯建议政府在经济衰退时提高支出,这与认为应该恢复财政平衡的传统观念是极大的冲突。从单独个体的角度而言,或许有道理,但不适用于整个国家的宏观经济。

从长计议

人们逐渐发现,凯恩斯的经济学跟新古典经济学也有矛盾,后者认为经济学家应该关注长期平衡,就像约翰·贝茨·克拉克的"平静大海"的比喻——经济衰退只不过是微小的、暂时的涟漪。

相反,在经济萧条期间,必须积极管理经济,维持就业、消费和投资的正确关系(虽然在经济运转顺利的时候这种管理可能有所放松)。

"长期"是对时务的误导。"长期"来看,我们都是要死的。

如果经济学家在暴雨季节只能告诉我们"暴雨过后海面就会平静",那么他们交给自己的工作也太轻松、太无用了。

新政

凯恩斯的观点在刚发表时引起过争论,但这些观点影响了罗斯福总统的新政(至少证实了新政是正确的):建设公共工程以帮助美国走出经济衰退。

但真正让美国经济重新恢复的是第二次世界大战的到来。

经济学家对战争融资起到了重要作用,尤其是用国民收入核算来为巨额军事采购做计划,与此同时控制通货膨胀。领头人是美国的**西蒙·库兹涅茨**(Simon Kuznets,1901—1985)。

世界新秩序

1944年在布雷顿森林会议上，成立了国际货币基金组织（International Monetary Fund）和世界银行（World Bank），并确立了几种主要货币的汇率与金价挂钩的金本位。

这些机构主要由凯恩斯促成，在"二战"后出现的相对稳定的经济秩序中占主要地位。许多在战争期间求学的经济学家和统计学家在这些机构就职。

国民收入账户作为一种计划工具的成功，助推了对国内生产总值（GDP）的使用，这是我帮助发展起来的。

GDP是一个国家所有经济活动的总和。但我不赞同它被用于衡量公共福利。

库兹涅茨

经济周期

虽然凯恩斯的观点是战后经济学的主流观点,但除他之外,还有其他对经济繁荣和萧条交替周期——或者如何应对——的解释。

前面说过,马克思有一个经济周期理论,他估计每十年左右是一个周期。威廉姆·斯坦利·杰文斯相信经济周期由太阳黑子决定。

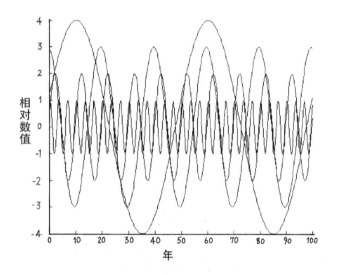

不同经济周期相交的图示:由周期长度不同的正弦曲线互相重叠所产生,每条正弦曲线代表一种周期。图中的波浪线分别对应40个月、10年、20年和50年的周期。第121页的图表是这些正弦波的总和。

法国经济学家**克莱门·朱格拉**(Clément Juglar,1819—1905)认为投资周期是8—11年。20世纪20年代,**约瑟夫·基钦**(Joseph Kitchin,1861—1932)确定相对较短的"40个月"的周期符合公司积累库存所需的时间。

超级周期

一些经济学家认为在数据中也能看到时间更长的周期:库兹涅茨的基建投资周期是15—25年,康德拉季耶夫(Kondratiev)的科技潮与扩张和衰减的历史周期吻合,每个周期是45—60年。

在1939年出版的《商业周期》(*Business Cycles*)一书中,奥地利学派经济学家约瑟夫·熊彼特(1883—1950)提出,经济波动可以被看作所有这些不同周期的混合体。

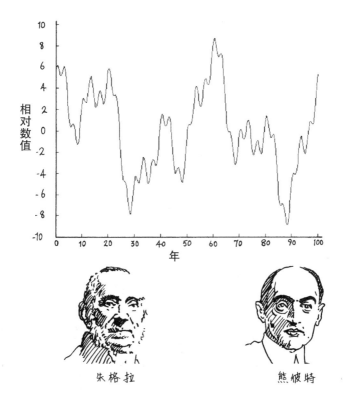

朱格拉　　　　　熊彼特

如果两个周期的低点吻合,例如1930—1931年,结果就是灾难性的崩溃。但是,今天大部分经济学家赞同欧文·费雪的观点:规律的周期只是统计学的假象。

创造性破坏

和新古典经济学家一样,熊彼特将这些波动看作对瓦尔拉斯均衡的扰动(他说莱昂·瓦尔拉斯是"所有经济学家之最伟大者",而瓦尔拉斯的体系是"经济学理论的'大宪章'")。

至于均衡,熊彼特认为,竞争力将迫使利润降低到零,因此投资停止。干扰均衡的人,同时也是驱动盈利和经济周期的人,就是企业家——能想出创新商业高招的天才。

经济进步是因为经济周期中出现的"创造性破坏"。

经济衰退像一场森林大火,清除了老树,为新生命留出空间。

所以经济周期主要是经济的内部或固有特征,是门格尔的"自发秩序"的范例。

哈耶克和不可计算的

弗里德里希·冯·哈耶克（1899—1992）先后在伦敦经济学院和芝加哥大学工作，熊彼特和凯恩斯的理论他都不赞同，因为他相信经济周期不是固有的，这是由"自然"利率和现行实际利率不匹配导致的。

如果政府人为地降低利率，或许可以维持迅速发展的局面，但也会让最终的经济衰退更加严重。主要问题来自于可计算性：经济太复杂了，难以预言。

哈耶克的影响

在哈耶克的时代，他的影响力虽然不如凯恩斯那么大，但他的著作对米尔顿·弗里德曼（Milton Friedman，见第 134 页）等经济学家有深远的影响。政治家们后来也受到他的启发，例如玛格丽特·撒切尔（Margaret Thatcher），她在一次保守党会议上举起哈耶克的《自由宪章》（*The Constitution of Liberty*，1960）宣布：

同时，其他经济学家寻找让凯恩斯的观点在数学层面符合主流新古典经济学分析的方法。他们努力的结果被称为**"新古典综合"**。

新古典综合

新古典综合的核心要素是英国经济学家**约翰·希克斯**（John Hicks, 1904—1989）和其他人提出的希克斯—汉森（IS-LM）模型，他们试图用单一的图表总结凯恩斯的经济学。

这个图表与供需图表（见第83页）相似，但供需图表是价格与数量相比，而希克斯—汉森模型展示的是利率与产出（即 GDP）之比。

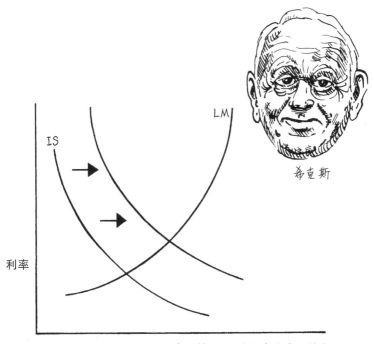

汉森曲线（表示流动性和货币供应量）显示让货币市场达到平衡的那些点，而希克斯曲线显示投资和储蓄达到平衡的那些点。两条曲线的相交处代表经济的稳定均衡。政府增加支出，希克斯曲线就会往右侧移动，均衡产出就会像凯恩斯说的那样变高。

菲利普斯曲线

菲利普斯曲线（the Phillips curve）是对希克斯—汉森模型的补充。菲利普斯曲线得名于出生在新西兰的经济学家**奥尔本·威廉·菲利普斯**（A. W. Phillips，1914—1975）。菲利普斯曲线是经过实证得到的，表明失业和通货膨胀成反比。低失业率——可以被看作是相对的劳动力短缺——与劳动力价格变高引起的通货膨胀有关。菲利普斯曲线很快被政府的规划部门当作政策工具，用以避免高失业率和高通胀这两种极端情况。

菲利普斯学的是工程专业，令他出名的还有经济绘图机——英国经济的一个物理模型，在模型里，不同领域的货币流量用流经管道系统的彩色水表示。

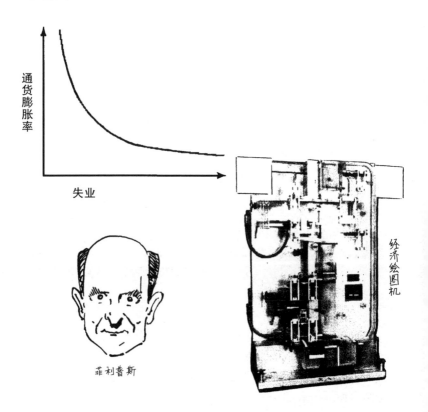

菲利普斯

经济绘图机

保罗·萨缪尔森

推广希克斯—汉森模型的人是美国经济学家**保罗·萨缪尔森**（Paul Samuelson，1915—2009），他写的畅销教材《经济学》（*Economics*，1948年第一次出版）具体介绍了这个模型，而该书销量超过400万册。

萨缪尔森的目的是，用一个前后一致的数学框架表达核心的经济学理论，这些理论以两个相关原则——最大化和均衡——为基础。

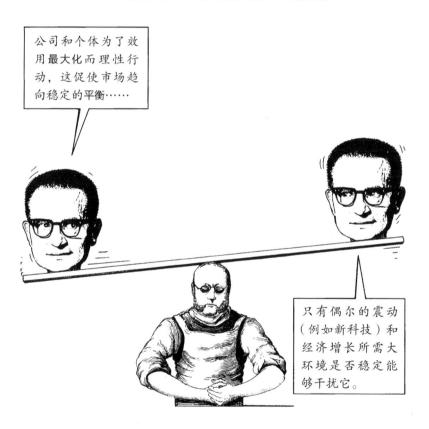

公司和个体为了效用最大化而理性行动，这促使市场趋向稳定的平衡……

只有偶尔的震动（例如新科技）和经济增长所需大环境是否稳定能够干扰它。

希克斯—汉森模型将这些观点纳入凯恩斯的宏观经济学，即整个国家、地区或世界的经济。虽然图表能够表达凯恩斯的部分主张，但是它也将后者大大简化了。

杂牌凯恩斯主义

希克斯—汉森模型的前提是市场达到或接近稳定的平衡,而凯恩斯认为经济处在时有时无的情绪波动中。模型还忽略了经济中许多复杂和不确定的联系,例如假定希克斯曲线和汉森曲线是独立的,而二者实际上可能是紧密相关的。

希克斯

虽然起初是我提出了希克斯—汉森模型,但后来我将之描述为"教室小玩意儿",没把它当成一个严肃的政策工具。

@#?@!
凯恩斯主义!

而且由于更多的实证数据触手可得,菲利普斯曲线也失效了。

琼·罗宾逊

英国经济学家**琼·罗宾逊**(Joan Robinson,1903—1983)对新古典综合有一个有名的称呼,即"杂牌凯恩斯主义",因为新古典综合去掉了凯恩斯观点中不符合新古典主流的部分。

忽视不确定性

在这场综合的大洗牌中,凯恩斯另一个被漏掉的观点是对数学模型的怀疑以及对不确定性的强调。

坦率地说,我们必须承认我们用来估测铁路、铜矿、纺织品厂、专利药、大西洋航线邮轮、伦敦市某栋建筑在十年内收益的知识很少,有的甚至是零。

相反,运用复杂的数学模型越来越成为战后经济学的主流。这对于解决经济学家提出的那类问题有效。约翰·斯图尔特·穆勒等古典经济学家关注的诸如社会公正之类的热点话题,很难量化,已不再是主流。

阿罗—德布鲁模型

20世纪50年代由**肯尼斯·阿罗**（Kenneth Arrow，1921— ）和**热拉尔·德布鲁**（Gérard Debreu，1921— ）创立的阿罗—德布鲁模型是数学化大趋势的终极范例。这个模型最终证实了莱昂·瓦尔拉斯的"理想化的市场经济应该平衡"的猜想。

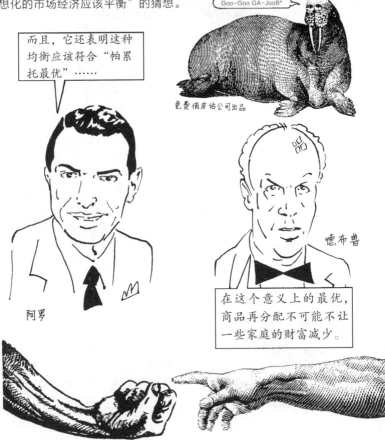

而且，它还表明这种均衡应该符合"帕累托最优"……

Goo-Goo GA-JooB*

龟费俏皮话公司出品

在这个意义上的最优，商品再分配不可能不让一些家庭的财富减少。

阿罗

德布鲁

"冷战"期间，这个模型被用作数学证据，证明资本主义的无形之手——而非共产主义的铁拳——才是规划社会的最佳指导。

---

* 这句话出自披头士乐队的一首歌曲《我是海象》（*I Am The Walrus*），原文为："I am eggman, they are the eggmen, I am the Walrus goo goo ga-joob."——编注

购物清单

阿罗—德布鲁模型的基本组成成分是商品清单、公司和家庭。每个公司都有一套生产过程，描述该公司如何生产或消耗商品。每个家庭都有一个消费计划，反映出该家庭对可购买物的偏好（假定偏好保持固定不变）。

给定一系列详细的价格，模型可计算出各家庭的最佳消费计划和公司的最佳生产过程。由此可知某种价格的可购买产品的总需求量和公司的总供应量。

未来的完美

阿罗和德布鲁的成果证明一系列帕累托最优均衡价格是存在的,供求在这个价格上达到平衡。

但是,要得到这个成果,模型必须做许多假设。包括竞争是完美的,对市场参与者是完全了解的,以及交易成本是可以忽略不计的。但最强大的假设是市场参与者能够为了自身效用的最大化(甚至在未来)而理性消费。

王冠上的明珠

像太阳神阿波罗那样预见未来显然是非常不现实的。正如凯恩斯指出的那样,我们的预见能力是很弱的。

但是,阿罗—德布鲁模型为经济学的数学建模树立了标准,不久就被称为"新古典经济学王冠上的明珠"。

它还为大型的可计算一般均衡(Computable General Equilibrium,CGE)模型铺平了道路,后者至今仍为政策制定者所用。这些模型的原理都与阿罗—德布鲁模型相似,但都比它简化,因为它们将大型消费者群体和其他经济领域集合起来。它们也假设存在潜在的均衡和理性的效用最大化行为等。

理性经济人的力量甚至比我还大。

阿波罗

米尔顿·弗里德曼

新古典模型背后的假设一直被托斯丹·凡勃伦等经济学家质疑,他们嘲笑"理性经济人"这个观点,还认为社会行为的许多方面——例如炫耀性消费——都基于根深蒂固的非理性。

但是经济学家**米尔顿·弗里德曼**(1912—2006)为新古典的假设辩护,他认为重要的是一个理论能不能给出准确的预测。

欲望的小水珠!

凡勃伦

这类批评大部分是跑题的……除非你能用它更好地预测出各种各样的现象。

弗里德曼

货币主义

弗里德曼是芝加哥经济学派（总部在芝加哥大学）的领袖人物，被许多人看作 20 世纪后半叶影响力最大的经济学家。他对经济观点的主要贡献或许在于他对**货币主义**（monetarism）的研究。这个理论建立在费雪方程式的基础上：货币供应量乘以周转率等于价格乘以交易量（即等于 GDP）。弗里德曼认为周转率本质上是不变的，过剩的货币供应量将直接影响价格水平。

无论在哪里，通货膨胀总是一种**货币**现象。

因此，为了确保货币供应量平稳伴随 GDP，政府在控制经济方面的作用应该受到限制。

滞胀

因此弗里德曼常被用来与凯恩斯相提并论,后者相信:要击败经济衰退,必须出台财政政策(也就是花费政府的钱)。

20 世纪 70 年代工业国家出现的滞胀似乎可以证明弗里德曼的想法。高失业率和高通货膨胀的组合史无前例,向菲利普斯曲线提出了质疑,向凯恩斯的对策提出了挑战。在美国,所谓痛苦指数——失业率和通货膨胀率的总和——达到 21%。

在1978年至1979年的英国,"不满的冬天",罢工四起,工会领袖要求签署协议增加工资。

弗里德曼和其他人把混乱局面归咎于凯恩斯的政策。

稳扎稳打

货币主义者认为,政府不能很好地在微观层面上管理经济,因为人们会调整自己的行为,会在某种程度上抵消政府管理的效用。

如果政府试图事先做好经济衰退的准备,例如降低利率,那么工人们会通过经验知道,过一段时间后这种降低货币价值的行为将导致通货膨胀。

于是他们做出反应:提前要求增加工资。

由此发生的通货膨胀使得政策在尚未生效之前就失效了。经济仍然深陷在滞胀状态中。

留给政府的唯一的长期曲线是加强严格而连续的货币政策,使货币供应量稳步上升,从而保持经济的长期增长。

自然失业

弗里德曼因此力图用不偏不倚的、非政治的、由技术专家指导的方式取代政府的积极干预,因为这种干预会导致关于如何花钱、在哪些方面花钱的主观政治选择。

不经全民选举而拥有权力的专制小团体和来自党派政治的短期压力都会使货币规则与货币政策脱钩。

通货膨胀

弗里德曼还提出,存在一种"自然"状态的失业。试图消除它只会助长通货膨胀。

芝加哥方法

弗里德曼领导下的芝加哥经济学派因其自由市场的理念——反对税收和大政府——而出名。他们认为对市场强迫收税的规定是无能的。政府的职责应该只局限于国防、司法和基本立法。资源分配应该尽可能由企业完成，而非政府去做。

理性市场

这些货币主义者的政策没能成功地控制通货膨胀和失业——因为货币的周转率实际上比他们以为的更加复杂多变，不久就被放弃了。取而代之的是一个更加积极的、将财政和货币工具相结合的方法。后来弗里德曼自己也不怎么提货币主义了。

像对待攻击目标一样对待货币数量的方法没成功。

然而芝加哥学派的"理性预期"和"有效市场"观点仍然成为经济学的主流。前者强调人们对未来的预期是大致正确的，后者更进一步，将金融市场变成一个全知的上帝。

一美元纸币背面的"上帝之眼"图案

完美模型

罗伯特·卢卡斯(Robert Lucas, 1937—)捍卫了理性预期理论。根据这个理论,人们不光是理性的,而且头脑中还有一个完美的经济模型,它们不会犯系统错误。市场一定会达到平衡,因为不平衡只能由不理性行为导致。

所以,如果人们失业,并非因为他们是环境的牺牲品,而是因为他们**理性地**选择不接受这个工资水平的工作。

伙计们,由你们选择。

这些理论还可以扩展到其他领域。例如,**加里·贝克尔**(Gary Becker, 1930—)认为罪犯之所以犯罪,是因为他们理性地衡量了犯罪得到的利益和被捕的危险。

有效市场

有效市场假说是**尤金·法玛**（Eugene Fama，1939— ）于1965年提出的。法玛提出的"有效市场"的定义响应了威廉姆·斯坦利·杰文斯（见第84—89页）的观点。

这个市场内存在着大量理性的、追求利益最大化的投资者，他们积极参与竞争，每一个人都试图预测单个股票未来的市场价格，每一个人都能轻易获得当前的重要信息。

他提出，在这种情况下，市场价格作为资产将自动调整到与其"内在价值"相符的水平。任何偏离都将很小且随机。因此，在有效市场里，投资者无法依靠基本分析或其他任何方法从价格差中获益。

没有人能打败市场。

经济占星术

"市场价格在均衡水平上下随机浮动"的观点令人想起1900年法国数学家**路易·巴舍利耶**（Louis Bachelier，1870—1946）发表的博士学位论文《投机理论》（Théorie de la spéculation）。法玛用统计数据（这些数据似乎显示："随机浮动"本身就是不可预测的，而这将导致价格变化）证明了这篇文章的观点。

他认为，靠分析不同公司特征的办法认定哪些股票能赚钱，是不可能的，因为所有必要信息已经由市场定价了。

靠历史数据的图表或模式预测，就像占星术士一样……对于股市分析没有实际意义。

当然，"图表专家"和占星术士们继续经营投资基金的脚步不会因此停下。

不良预测

有效市场假说不仅有助于解释"拣股者"为什么会看走眼,还为经济学家提供了一层掩护。"二战"以来,人们投入巨大的财力、物力和资源用于开发复杂的数学模型,例如可计算一般均衡模型(CGE)。

20世纪70年代出现了高速计算机,加上越来越多的经济学数据,意味着这些模型无论在规模上还是在复杂程度上,都可以与天气预报的模型比肩了。

正态分布

法玛曾说,糟糕的经济预测记录往往伴随着这样的观点:市场效率高,因此不可预测。

但是,虽然有效市场假说排除了精确预测市场每天活动的可能性,但经济学家原则上仍然可以计算出价格趋向某个水平的统计学概率。

根据法玛对有效市场的定义,假设随着时间变化的资产价格波动是小规模、随机和彼此独立的,因此它们符合被称为"**正态分布**"(也叫"钟形曲线")的统计学模型*。曲线的标准差——决定曲线的宽度——可用来描述资产的波动性。

* "正态"这个词来自拉丁语,意思是"丁字尺"。

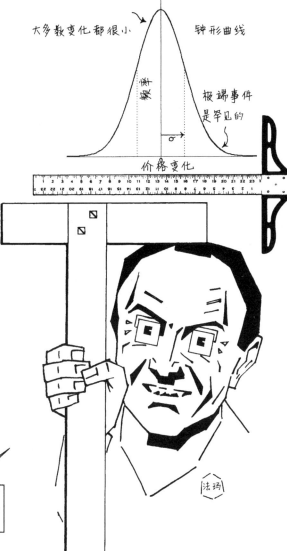

大多数变化都很小　　钟形曲线
概率
极端事件是罕见的
价格变化
法玛

金融工程

原则上,持有股票等波动性资产的风险比持有现金(低波动资产)高,所以标准差提供了一种量化——从而控制——风险的方法。金融工程领域由此诞生。

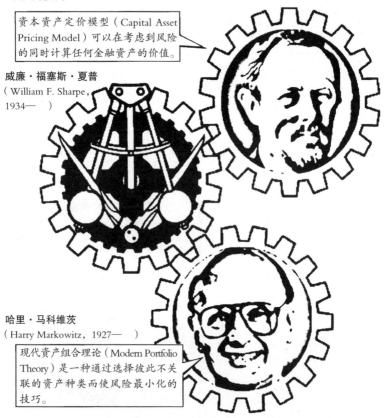

资本资产定价模型(Capital Asset Pricing Model)可以在考虑到风险的同时计算任何金融资产的价值。

威廉·福塞斯·夏普
(William F. Sharpe, 1934—)

哈里·马科维茨
(Harry Markowitz, 1927—)

现代资产组合理论(Modern Portfolio Theory)是一种通过选择彼此不关联的资产种类而使风险最小化的技巧。

1973年,**费雪·布莱克**(Fischer Black, 1938—1995)和**迈伦·斯科尔斯**(Myron Scholes, 1941—)提出一种计算期权价格的技巧——期权是一种金融"衍生工具",让人有权在未来某个时间以固定价格买卖某只证券。给衍生品一致性定价的能力使得这些工具被广泛使用——但有时它们的效果是摧毁性质的,例如2008年的次贷危机(见第167页)。

瑞典银行奖

经济学作为一门量化科学的正统性在 1969 年得到进一步肯定,当时瑞典国家银行创立了纪念阿尔弗雷德·诺贝尔的瑞典银行经济学奖。不久之后人们就叫它"诺贝尔经济学奖"。获奖者包括保罗·萨缪尔森、约翰·希克斯、肯尼斯·阿罗、弗里德里希·冯·哈耶克、西蒙·库兹涅茨、米尔顿·弗里德曼、热拉尔·德布鲁、罗伯特·卢卡斯、加里·贝克尔、威廉·福塞斯·夏普、哈里·马科维茨和迈伦·斯科尔斯。

在阿尔弗雷德·诺贝尔过世后用他的名字,人们对此有争议。现在它被更广泛地称为"瑞典银行奖"。

瑞典银行经济学奖有 2/3 颁给了美国的芝加哥学派经济学家,他们创立了推测股票市场和期权的数学模型——这跟阿尔弗雷德·诺贝尔希望改善人类状况的意愿完全背道而驰。

彼得·诺贝尔(Peter Nobel),阿尔弗雷德·诺贝尔的后代,2004 年

"阿波罗"登月任务

20世纪60年代末到70年代初是人们对科技极为乐观的时期。登月计划的成功体现了时代精神。

以我大名鼎鼎的父亲、太阳神阿波罗的名字命名。

——宙斯哥拉斯

经济学家们开始相信,如同工程师用方程式控制火箭飞向月球一样,用方程式也可以预测和控制经济增长。由于政府、私人公司以及世界银行和国际货币基金组织等机构的需求激增,经济学成为一个快速发展的产业。

这个阶段也是"冷战"的巅峰时期。苏联在登月竞赛中的挫败,象征着资本主义对共产主义的胜利。

模型经济

经济学也变得越来越抽象和数学化。人类行为可以通过建立在理性选择基础上的"博弈论"（game theory）来理解。

古典经济学家曾经强调财富有三个来源：土地、劳动力和资本，它们都包含了政治和阶层属性。但现在经济学家越来越注重后两项，土地从清单上被划掉了。毕竟，人类的独创性和科技往往能够提供替代品。

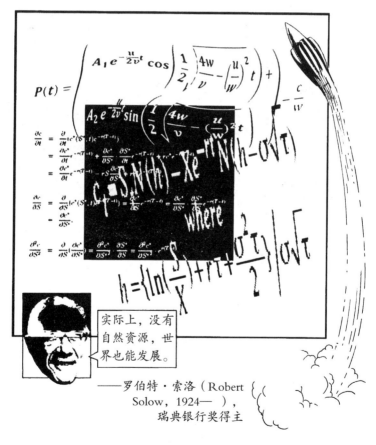

实际上，没有自然资源，世界也能发展。

——罗伯特·索洛（Robert Solow, 1924— ），瑞典银行奖得主

看起来经济学能像宇宙飞船一样脱离地球的束缚。

地出

虽然很多人以为登月计划象征着人类战胜了难以驾驭的大自然,但是经济学家却有不同的看法。

1968年,"阿波罗8号"拍摄了一张地球在漆黑太空中的照片。这张"地出"照片展示地球从月球表面升起的状貌,被称为有史以来影响力最大的环境照片。它为一种新的、将环境考虑在内的经济学提供了灵感。

巨大的孤独感令人心生敬畏,让你意识到你在地球上所拥有的。

宇航员詹姆斯·洛威尔
(James Lovell)

地球太空船

在1966年的论文《即将到来的地球太空船经济学》(The Economics of the Coming Spaceship Earth)中,**肯尼斯·博尔丁**(Kenneth Boulding,1910—1993)想象地球是"一个单独的太空船,一切储备都是有限的,不是被利用就是被污染"。他认为主流经济学家还在用"牧童经济"(cowboy economy)的思路考虑问题。

> 与在美洲平原定居的先驱们一样,现在的人认为资源和污染可以是无穷无尽的,他们只关心扩大发展,并用GDP来衡量发展。

正如将近200年前尊敬的马尔萨斯所言,在一个资源有限的世界,这种政策是危险的。博尔丁提出了多种改进方法,例如用将资源消耗和环境损害考虑在内的衡量标准取代GDP。

尼古拉斯·乔治斯库－罗根

出生于罗马尼亚的数学家和经济学家**尼古拉斯·乔治斯库－罗根**（Nicholas Georgescu-Roegen, 1906—1994）认为，新古典经济学的"经济持续增长"观点跟永动机有同样的问题。

它违反了物理学基本定律。

任何事物的发展都将受到最基本的约束。

实际上，完全的机械化类比是错误的：凡是相信自己能为人类生态救治绘制蓝图的人都不懂进化规律，甚至不懂历史——历史是花样翻新的永恒战役，而不是煮鸡蛋或者向月球发射火箭那种可预测、可控制的物理—化学过程。

自然资本

关于价值的经济学定义不能只考虑人的劳动或所有权,还要考虑自然资本。乔治斯库-罗根的门徒**赫尔曼·戴利**(Herman Daly,1938—)认为,一旦将自然资本的损失考虑在内,所谓的经济增长大部分已经没有利润了。解决办法是追求约翰·斯图尔特·穆勒所谓的"稳定状态经济",这种经济将经济活动局限在生态范围内,为后人保护资源,关注质的进步,而不是规模上的增加。

为了控制石油等不可再生资源的使用,1973年戴利提出一种限定拍卖交易制度。政府限定资源使用,把使用权交给出价最高的一方。这样也许能控制资源消耗的速度。

稳定状态

要想成功，一个稳定状态的经济不能再依据增长经济的原则来规划，而必须依据不同的原则。税收应该瞄准"坏"的行为，例如污染，而不是工资之类"好"的行为。自由贸易只鼓励在环境标准方面"竞争到底"（戴利指出，李嘉图对自由贸易的分析与这个资本全球流动而且能够躲避规则的时代脱节了）。

环境的可持续性也应该与社会公平有关，因为如果没有社会公平，非增长型经济将会产生巨大的社会压力。

要降低收入不平等，应采纳诸如最低收入和最高收入的措施。

戴利

生态经济学

博尔丁、乔治斯库 – 罗根、戴利和其他人的研究促成了生态经济学（ecological economics）的创立。生态经济学的中心观点是：人类经济必须被视为更大的生态系统的一部分。

与其模仿工程学和物理学，经济学的模型更应该模仿生命科学。

与其关注抽象的数学问题，不如关注那些本身就具有模糊性的问题，例如可持续发展和社会公平。

虽然生态经济学在 20 世纪 70 年代与环境运动一样深入人心，可它的观点对主流经济学只有极小的影响。当然，也存在其他的对正统经济学的批评。

经济学"教派"

到了20世纪70年代,经济学开始像教会那样出现了分裂。

"正统"经济学家是主流,他们继续探索新古典理论的变量。他们假定人们的行为(基本上都)是理性的,市场竞争(基本上都)是完美的,设计得当的自由市场是优化效用的最佳方式,接受牛顿式定律的管理。它们轻描淡写地看待与环境或社会公平有关的问题。这些正统经济学家支配着顶尖的大学和金融机构。

主流核心之外有一大批离核心或远或近的"异端"分支。如果说这些分支有一个共同点,那就是它们都不赞同主流经济学的基本假设。美国政府经济学家**劳伦斯·萨默斯**(Lawrence Summers, 1954—)明确地说:

说实话,经济学法则就像工程学法则。一套法则到哪儿都适用。

行为经济学

以色列心理学家**丹尼尔·卡尼曼**(Daniel Kahneman, 1934—)和**阿莫斯·特沃斯基**(Amos Tversky, 1937—1996)从20世纪70年代起,运用认知心理学的技巧测试理性行为崩塌的模式。他们的工作开创了行为经济学(behavioural economics)的领域,揭示了在许多情况下人的行为不够理性。

经济学家把这叫作"有限理性"(bounded rationality)。

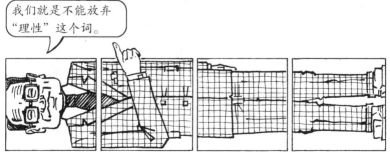

信息不对称

杰文斯等新古典经济学家假设了一个完美市场,在这个市场内大量相互竞争的公司出售完全一样的产品,而且每个人都能得到全部信息。因此他们不关注竞争过程——公司的规模或市场地位对竞争而言很重要——而是只关心数据和理想化的最终结果。

乔治·阿克洛夫(George Akerlof, 1940—)在 1970 年发表的论文《柠檬市场》(The Market for Lemons)研究的是:如果不是所有人都能获得相同的信息,会发生什么情况。

二手车(即"柠檬")里有好的也有坏的。

如果只有销售商知道每辆车的真正质量,那么购买者的最佳猜测不过是某辆车的质量达到平均水平,那么他只愿意按平均价格出钱。

因此优质二手车的购买者不会出配得上这部车的高价。于是"坏"车将"好"车赶出了市场。

幂律

虽然主流经济学靠吸收"有限理性"或"信息不对称"之类的名词调整它的模型,但是它越来越难以解释贫富之间日益扩大的财富差距。

在《道德情操论》中,亚当·斯密主张市场的无形之手以一种公平的方式让富人"夺走了穷人改善的一切可能性"。到了 19 世纪,维尔弗雷多·帕累托提出了"二八定律",即 80% 的人掌握 20% 的财富。但是从 20 世纪 70 年代开始,富裕国家的 CEO 工资飙涨,处在中间的工资水平却停滞不前,全球有数十亿人要努力赚钱才能有饭吃。

饥饿指的是一些人吃不饱,而不是没有足够的食物。

——**阿马提亚·森**(Amartya Sen,1933—)

幸福科学

新古典经济学认为经济是一部机器,创造弗朗西斯·埃奇沃思所谓"快乐的最大能量"。但是对受访者自报的生活满意度的研究表明,"快乐机器"即使在诸如美国这样的富裕国家也不起作用,20世纪50年代或60年代才是那里的幸福巅峰,此后就一直在慢慢降低。

一旦社会收入达到某种平均水平,例如每年15000—25000美元……

……那么再怎么增加也不会明显影响快乐程度。

正如托斯丹·凡勃伦指出,资源从满足真正需求变成无用的炫耀性消费竞赛。实际上,广告和营销的主要目的之一就是让人们对他们现有的东西感到不满——这样才能买新的!

女权经济学

女权经济学家认为,部分问题在于主流经济学理论(尤其是关于理性经济人的观点)是建立在竞争、个体主义和理性等典型"男性"价值的基础上的。

经济学需要考虑到"社会联系"等"软"价值。

女性对"社会资本"的贡献被低估了。社会也需要商业之外的东西来维持运转。

华林

该领域的领袖是新西兰政治家和学者**玛丽莲·华林**(Marilyn Waring,1952—),她在1988年出版的《毫无价值》(*Counting for Nothing*)中表明,GDP漏掉了大量(主要是女性)没有得到报酬的劳动,例如生育、抚养和教育孩子,照顾老弱病残,以及操持家务。

明斯基时刻

新古典经济学另一个与现实冲突的基本假设是:经济从根本上是稳定的。就连经济周期都能被解释为"对暂时冲击(例如打破经济稳定状态的科技创新)的理性反应"。

1992年,美国经济学家**海曼·明斯基**(Hyman Minsky, 1919—1996)提出金融不稳定性假说,认为经济实则趋向危险的泡沫和崩溃。

这个过程持续下去,直到最终达到危机点,即所谓"明斯基时刻"(Minsky Moment)。到了那时候,人们纷纷要求欠债的还钱,经济崩溃。

崩溃倾向

1637年的荷兰郁金香狂潮（郁金香球茎的价格达到惊人的高点之后突然暴跌）和南海泡沫事件（对艾萨克·牛顿的退休金账户是个重大打击）等大量历史证据支持了明斯基的观点：经济倾向于崩溃。

生于法国的**贝努瓦·曼德尔布罗特**（Benoît Mandelbrot，1924—2010）是一位数学家，但与搞金融相比，他的分形理论（fractals）更出名。这个理论认为，自20世纪60年代初以来，价格变化等经济数据并不符合有效市场假说所预言的钟形曲线，而更符合幂律分布（见第94页），地震分布也遵循着同样的规律。大多数价格的变化很微小，但变化总数巨大。也就是说，基于钟形曲线的风险分析工具危险地低估了崩溃等极端事件的可能性。

看起来自然最终是骤变的。

复杂系统

在主流经济学的假设越来越受到审视的同时,其他科学分支发展出来的新工具能够以不同的方式建模和理解经济。其中包括:

网络理论。研究复杂网络内物体之间的关系,如社交网络、互联网或金融系统。

非线性动态。研究反馈回路如何影响诸如大气层或一个活细胞之类的动态系统。这些系统不是均衡的,说"完全不均衡"更贴切,因为它们的成分都是一刻不停地在变动。

复杂性科学。研究以"自然属性"为特点的复杂系统,"自然属性"不可预言,也不适用于还原理论。

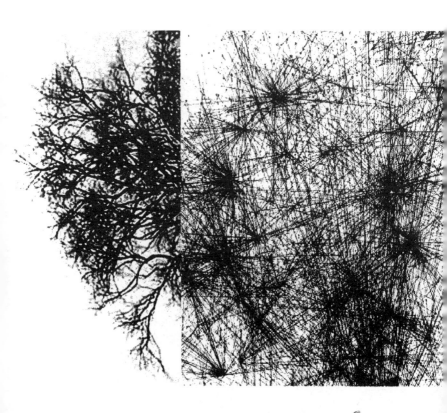

基于代理的模型

经济学家以前触及过这些领域，例如奥地利学派经济学家认为经济的特质是自发或自然出现的秩序（见第121—124页）。但新的计算方法意味着科学家能够进行详细的模拟，这比简单的机械论解释或粗糙地将供求和周转率等概念相叠加进步多了。

股市的基于代理的模型就是一个例子。在这个模型中，"代理"对应"个体商人"，他们的行为受到彼此和市场状态的影响。模拟可以得到真实市场的自发幂律行为，并解释为什么无形之手不适用于股市波动。

不确定性再次出现

传统上,一个检验新理论或新技术的简洁明了的测试,就是它是否能做出更准确的预测。只有当爱因斯坦的相对论被证明更准确时,牛顿的万有引力定律才被颠覆了。

对于系统科学,这种情况更复杂。复杂有机系统——例如自然属性和反馈回路——的属性使得它们从本质上就很难被预测。模型只被看作是不完美的补丁。

从这个角度说,理性经济人能够准确记录其未来(更不用说在头脑中建立起记录整个经济的完美模型)的观点开始显得不如抽象观念(现代版宇宙和谐论)那么科学了。

次贷

虽然网络理论和复杂性等工具彻底改变了其他科学领域,例如系统生物学,但它们没能进入主流经济学,部分原因在于经济学家们几乎都没接受过恰当类型的数学教育。

2008年的次贷和信用危机导致全球股市蒸发数万亿美元,这加剧了经济学变革的势头。传统数学模型不仅没能预言这次危机,甚至还是帮凶——因为低估了经济的内在风险。

新古典经济学认为经济是稳定的、理性的和自我约束的,然而这是极其有误导性的。从物理学家到对冲基金经理都需要一种新的方法。

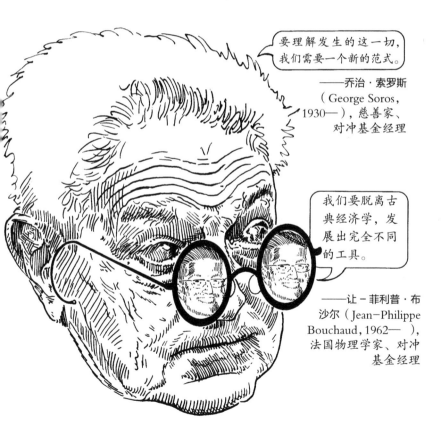

要理解发生的这一切,我们需要一个新的范式。

——乔治·索罗斯(George Soros, 1930—),慈善家、对冲基金经理

我们要脱离古典经济学,发展出完全不同的工具。

——让-菲利普·布沙尔(Jean-Philippe Bouchaud, 1962—),法国物理学家、对冲基金经理

道德缺位

从催促人们签署他们不理解也无法指望兑现的合同的贷款经济人,到 2010 年被美国监管机构控告误导投资者的高盛等华尔街巨头,次贷危机中最令人震惊的(至少对普通大众而言)或许是金融市场内金融交易员和机构的行为。

通过摆出一副客观的科学姿态,经济学似乎抹去了对道德的需求。

亚里士多德和经院哲学家对道德的重视被启蒙运动一扫而光,然而无形之手被证明并非令人满意的替代品。

线性科学

科学经常被假定为一种持续改善和进步的线性过程。直到 20 世纪 60 年代末,经济学才符合这种描述。

新古典综合扩大了经济学的范畴,对经济学进行了全面的、逻辑连贯的描述,甚至将经济扩展为一种人类行为模式,延伸进社会科学的其他领域,例如犯罪学。

后毕达哥拉斯经济学

的确,主流经济学理论可以被看作是用机械的、简化的方法看待世界的终极范例,它源自毕达哥拉斯时代。经济学家付出了大量努力,帮助人们理解和捍卫竞争市场、个体权利和经济增长。

但一种新的经济学正在出现,它推翻了这种过时的经济学范式。它不分析理性经济人这种理想状态,而是考虑嵌于非线性动态网络之中的真实人群的行为。它不认为经济是无联系的个体之间为争夺稀缺资源的竞争,而是考虑普遍联系和可持续发展等"软"价值。

生态经济学

最重要的或许在于,新的经济学要把人类经济放到更大的人类环境中去看,把它当作世界体系的一部分。

现在是经济学激动人心的时刻。

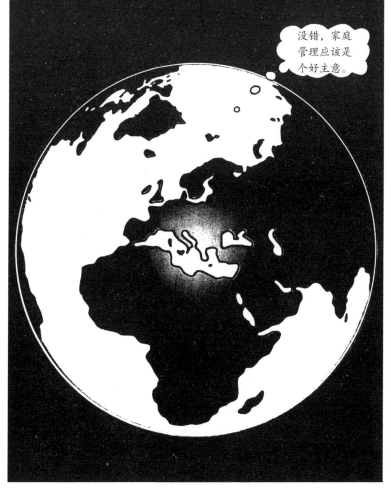

拓展阅读

Roger E. Backhouse, *The Penguin History of Economics,* Penguin (2002)

Eric D. Beinhocker, *Origin of Wealth: Evolution, Complexity, and the Radical Remaking of Economics,* Harvard Business School Press (2006)

Todd Buchholz, *New Ideas from Dead Economists: An Introduction to Modern Economic Thought,* Penguin, rev'd edn (1999)

Herman E. Daly, *Beyond Growth: The Economics of Sustainable Development,* Beacon Press (1996)

Robert L. Heilbroner, *The Worldly Philosophers: The Lives, Times, and Ideas of the Great Economic Thinkers,* Penguin, 7th rev'd edn (2000)

Benoit B. Mandelbrot and Richard L. Hudson, *The (Mis)Behaviour of Markets: A Fractal View of Financial Turbulence,* Basic Books (2004)

David Orrell, *Economyths: Ten Ways That Economics Gets it Wrong,* Icon Books (2010)

Steven Pressman, *Fifty Major Economists,* Routledge, 2nd edn (2006)

致谢

作者要感谢诺伯特·哈林（Norbert Häring）、赫尔曼·戴利（Herman Daly）和比阿特丽斯·莱昂（Beatriz Leon），他们为本书提供了有价值的内容。作者将本书献给伊莎贝尔（Isabel）。

索引

阿道夫·凯特勒 88
阿尔弗雷德·马歇尔 100-101
阿罗-德布鲁模型 130-133
阿马提亚·森 159
阿莫斯·特沃斯基 157
阿威罗伊 13，14
艾萨克·牛顿 24-26，37，38，163
安东尼·奥古斯丁·古诺 83
奥地利学派 104，121
奥尔本·威廉·菲利普斯 126

白银危机 35
柏拉图 6
保护资源 153
保罗·萨缪尔森 127,147
贝努瓦·曼德尔布罗特 163
比较优势 71
毕达哥拉斯 3-5，97
毕达哥拉斯平均数 7
边际生产率 105
边际效用 85，102
标准差 145-146
博弈论 149
不确定性 129,166
布雷顿森林会议 119

财产权 31
财政政策 136
查尔斯·达尔文 64
乘数效应 115
崇拜数字 3
创造性破坏 122
次贷危机 146，168-169

达德利·诺思 36
大卫·李嘉图 68-71，74，79，154
大卫·休谟 29，36，49
大萧条 112-113
丹尼尔·卡尼曼 157
地出 150
帝国崛起 20
动物精神 116

二八定律 94，159

非线性动态 164
菲利普斯曲线 126，136
费雪·布莱克 146
费雪方程式 109-111
封建制度 14
弗莱明·詹金 83
弗朗索瓦·魁奈 42-45
弗朗西斯·埃奇沃思 95，160
弗里德里希·恩格斯 76，78
弗里德里希·冯·哈耶克 104，123-124，147
复杂性科学 164

《谷物法》69-70
高利贷 9，12，19
高盛 168
格奥尔格·黑格尔 81
格雷欣法则 35
工业革命 60
功利主义 65-68，72
共产主义 81-82，105
供求 34，49，54，83，89，132，165，169
古典经济学 48
广告 160
规模经济 106
国际货币基金组织 119，148
国家权力 22
国内生产总值（GDP）110，119

哈里·马科维茨 146-147

还原理论 25，164
海曼·明斯基 162
行为经济学 157
赫尔曼·戴利 153
黑暗时代 11
后毕达哥拉斯经济学 170
货币供应量 111，115，125，135，137
货币价值 32
货币数量论 110
货币主义 111，135-137

《济贫法》22，63
《经济论》5
机械化 58
基督教 14，16-18
基于代理的模型 165
加里·贝克尔 141，147
价格
　自然价格 54-55
　名义价格 52，54
　实际价格 52-53
价格弹性 100
交换经济 50，52
阶级反抗 80
节约悖论 114
杰里米·边沁 65-67，72
金本位 119
金融不稳定性假说 162
金融工程 146
金融衍生品 146
经济持续增长 152
经济繁荣与萧条的交替周期 79
经济绘图机 126
经济衰退 114，117
经济周期 80，98，120，122-123，144

卡尔·马克思 77-82
卡尔·门格尔 102-104

凯恩斯经济学 113-119
康德拉季耶夫周期 121
可持续性 154
可计算一般均衡（CGE）模型 133，144
克莱门·朱格拉 120
肯尼斯·阿罗 130
肯尼斯·博尔丁 151
快乐最大化 85

"理性力学" 24
"李嘉图恶习" 71
莱昂·瓦尔拉斯 90-93，95，122，130
劳动价值论 53
劳伦斯·萨默斯 156
冷战 148
理想市场 89
理性经济人 96，108，133-134，161
理性社会 67
理性预期 141
利率 109，123
路易·巴施里叶 143
伦敦经济学院 99
伦理学 7
罗伯特·卢卡斯 141，147
罗伯特·索洛 149

玛格丽特·撒切尔 124
玛丽莲·华林 161
迈伦·斯科尔斯 146-147
美国经济协会 99
米尔顿·弗里德曼 111，124，134-136，138-140，147
米拉波侯爵 43
幂律分布 94，159，163，165
明斯基时刻 162

纳瓦鲁斯 18
南海泡沫事件 26，163

内在价值 142
尼古拉·哥白尼 17，24
尼古拉斯·乔治斯库 - 罗根 152
农业 43
女权经济学 161

欧文·费雪 109

"平均人" 88
帕累托法则（二八定律）94,159
帕累托最优 93，130

七年战争 45
企业家 122
启蒙运动 27，42
乔治·阿克洛夫 158
乔治·索罗斯 167
倾向于崩溃 163
琼·罗宾逊 128

让 - 巴普蒂斯特·柯尔贝尔 22
让 - 菲利普·布沙尔 167
热拉尔·德布鲁 130
人口增长 69，74
瑞典银行奖 147

色诺芬 5，36，58
商业时代 50
社会契约 31
生态经济学 155
圣殿骑士团 14
剩余价值 78
失业 114，126
世界银行 119，148
市场震荡 87
苏格兰启蒙运动 49

太阳黑子 98

调和平均数 7
通货膨胀 24，72，136
　　和失业 140
痛苦指数 136
托马斯·阿奎纳 16
托马斯·格雷欣 35
托马斯·霍布斯 27-29，152
托马斯·卡莱尔 63
托马斯·马尔萨斯 62-64，70，74，151
托马斯·孟 20-21
托斯丹·凡勃伦 107-108，134，160

网络理论 164
威廉·福塞斯·夏普 147
威廉·哈维 43
威廉·配第 38，111
威廉姆·斯坦利·杰文斯 84-89，95
维尔弗雷多·帕累托 93
稳定状态 75，79，153-154
无形之手 56-57，92，104，130

西蒙·库兹涅茨 118，147
希克斯 – 汉森模型 125,127-128
限定拍卖交易制度 153
线性科学 169
享乐主义微积分 66
新古典经济学 95-97，99-100，106-107，122，133
新古典综合 125，128，169
新政 118
信息不对称 158
幸福科学 160
炫耀性消费 107，160
学术经济学 15

雅克·杜尔哥 47
亚当·斯密 48-58，61，77，92，114
亚里士多德 7-10，15，17，24，168

伊丽莎白一世 20
伊斯兰教 13
尤金·法玛 142，145
有闲阶级 108
有限理性 157
有效市场 142，144-145
宇宙和谐论 4
约翰·贝茨·克拉克 105，117
约翰·葛兰特 41
约翰·肯尼斯·加尔布雷斯 108
约翰·洛克 27，30-35，38，42
约翰·梅纳德·凯恩斯 113-118
约翰·斯图尔特·穆勒 72-75
约翰·希克斯 125，147
约瑟夫·基钦 120
约瑟夫·熊彼特 71，121-124

詹姆斯·斯图尔特 49
詹姆斯·瓦特 60

蒸汽机 60
正态分布（钟形曲线）145
芝加哥经济学派 135
指数增长 62
制度主义 107
滞胀 136
钟形曲线 145
重农主义者 43
重商主义 47，59
主观价值 103
资本 39
资本家 77-78
资本主义 11，77，105，148
自发秩序 104，122
自然资本 153
自由放任 46，59
自由贸易 36，71，154
自由市场的理念 139